讲读

陈怡 编著

东南大学出版社
SOUTHEAST UNIVERSITY PRESS
·南京·

图书在版编目(CIP)数据

《道德经》讲读 / 陈怡编著. ——南京：东南大学出版社，2017.2(2018.9 重印)

ISBN 978-7-5641-7043-1

Ⅰ.①道… Ⅱ.①陈… Ⅲ.①道家 ②《道德经》—研究 Ⅳ.①B223.15

中国版本图书馆 CIP 数据核字(2017)第 033147 号

《道德经》讲读

出版发行	东南大学出版社
出 版 人	江建中
责任编辑	唐　允
社　　址	南京市四牌楼 2 号
邮　　编	210096
网　　址	http://www.seupress.com
经　　销	各地新华书店
印　　刷	虎彩印艺股份有限公司
开　　本	880 mm×1230 mm　1/32
印　　张	7.875
字　　数	202 千字
版　　次	2017 年 2 月第 1 版
印　　次	2018 年 9 月第 4 次印刷
书　　号	ISBN 978-7-5641-7043-1
定　　价	20.00 元

* 本社图书若有印装质量问题，请直接与营销部联系，电话：025-83791830

中国传统文化的框架和《道德经》

关于中国传统文化,可以从纵向和横向两个维度加以了解。从纵向看,可以将其分为7个历史阶段:先秦子学、两汉经学、魏晋玄学、隋唐佛学、宋明理学、清朝实学和民国新学。"先秦子学"就是秦始皇统一中国前的诸子百家的学问,主要有儒家、道家、墨家、名家、法家等。"两汉经学"就是西汉、东汉前后四百年间"独尊儒术"、以儒家为经的学问,也简称"汉学"。"魏晋玄学"就是当时的学者以研究《易经》《道德经》和《南华经》(即《庄子》)为代表的学问,也称"新道学"。"隋唐佛学"就是以佛教为代表的印度文化在西汉末年传入中国后,经过几百年时间逐渐和中国文化融合,从而形成中国化的佛教的学问。"宋明理学"就是儒家在汲取了道家和佛家的一些思想后,形成的以朱熹和王阳明为代表的学问,也称"新儒学"或"宋学"。"清朝实学"就是学者迫于当时的政治环境转向儒家经典进行文字训诂所形成的一种特殊学问,也称"新汉学"。"民国新学"就是辛亥革命以后西方文化传入中国,从而改造中国传统学问后形成的分门别类的学问,直到今天仍处在这一阶段。从横向看,中国传统文化是一个多元的文化,其中主要的学派为儒、道、释(即佛)。另外按《四库全书》的分类方法,分为四类:经、史、子、集。

从上述介绍可知,中国传统文化内涵丰富、学派很多,作为普通的中国人,都有自己的专业,既不能不了解中国的传统文化,又不可能有很多时间面面俱到地了解。所以,需要选择其中的精华予以学习。那么,中国传统文化的精华在哪里呢?学者的观点是:在先秦子学。而在先秦子学中,精华又在儒家和道家。儒家的精华在孔子和孟子,道家的精华在老子和庄子。所以,要把握中国传统文化的精华,首先要阅读记述孔子及其弟子言行的《论语》和老子的《道德经》。如果对中国哲学有特别的兴趣,就需要特别关注老子的《道德经》。因为,中国哲学的奠基者就是老子,中国哲学的代表性著作就是《道德经》。

关于《道德经》的价值和作用,著名作家林语堂先生说:"老子把他深奥的智慧挤入光辉密集的五千字里面。从来没有一个思想家能用这么少的文字来具体表现一种哲学的全貌,且曾对一个民族的思想有这么大的影响。"(《信仰之旅》第112页,四川人民出版社2000年版)下面,就让我们一起走进老子的人生和他的思想殿堂。

关于老子这个人,需要阅读司马迁《史记》中的《老子韩非列传》,准确地说应该叫《老庄申韩列传》,是老子、庄子、申不害和韩非子四个人共用的一篇列传。由此大家可以和孔子比较一下:司马迁给孔子一人写了一篇《孔子世家》,不仅仅档次高于列传,而且篇幅很长,在史记中长度仅次于《司马相如列传》。可见当年在司马迁的心目中,老子的地位显然是无法和孔子相比的。

这篇列传首先介绍老子,说:"老子者,楚苦县厉乡曲仁里人也,姓李氏,名耳,字聃,周守藏室之史也。……老子修道德,其学以自隐无名为务。居周久之,见周之衰,乃遂去。至关,关令尹喜曰:'子将隐矣,强为我著书。'于是老子乃著书上下篇,言道德之意五千余言而去,莫知其所终。……老子,隐君子也。……李耳无为自化,清静自正。"

按照写传记的惯例,首先介绍这个人姓甚名谁、什么地方的人、做过什么官。说:"老子者,楚苦县厉乡曲仁里人也,姓李氏,名耳,字聃,周守藏室之史也。"这段文字似乎交代得非常清楚,没有任何含糊的地方,但是今天看来却有一些疑问。首先要注意的是,说老子是楚国苦县厉乡曲仁里人,似乎很详细、很准确了,可是对应于今天到底是什么地方,却没有一个人能讲得清楚,因为在司马迁那个时代，已经没有"苦县"这个地名了。所以到了今天，老子的故乡到底在哪里，成了一个争论的焦点。学术上现在集中在两个地方：一个是河南的鹿邑，一个是安徽的亳州，但都没有确证支撑。第二，说老子姓李，这里有一个矛盾。因为按照当时的惯例，一个人出名了，人们尊敬他，称呼他时，是用他的姓再加上一个"子"字。比如孔丘称孔子，庄周称庄子，这是惯例，几乎没有例外。这里既然说他姓李，那为什么不称李子而称老子呢？后来的学者为了解决这个矛盾，提出种种说法。如说"李"和"老"发音上相近，再如说他崇拜西周的史官老莱子而自称老子，不一而足，但都不太让人信服。所以笔者推测，他是不是就姓老，于是才称为老子，这才合乎惯例。中国的百家姓里有老姓，而且现在也有姓老的。历史上李唐王朝为了给自己贴金，把老子作为他们的老祖宗，于是推崇"老子姓李"的主张，同时将道教定为国教，从而大大提高了道家和道教的地位。第三，说他名耳字聃，"聃"是耳朵很大的意思，所以他有一个跟常人不一样的特征：耳朵特别大。耳大在中国的面相里是贵人的象征。三国演义里描写刘备叫"两耳垂肩"，是帝王之相。可能老子的耳朵没有那么大，所以做不了帝王，但也成了一个名人。第四，他做的官叫"周守藏室之史"。"史"其实就是"吏"，是"官"下面的具体办事人员。"守藏室"是保管东西的，保管重要的文件资料典籍，所以有人说相当于国家图书馆馆长，其实准确地说应该叫国家档案馆馆长。因为他当过这样一个官，说明他一定知识渊博，所以后来孔子才会千里迢迢从鲁国到洛阳去向他求教。

接下来介绍他的学问，说他"修道德，其学以自隐无名为务"。修道德就是研究道德。这一点很容易让人产生误解，以为此所谓道德就是我们今天所说的道德。当年《光明日报》有位记者在报道某大学开设《道德经》课程的效果时说："学生学了《道德经》，道德觉悟有了很大提高。"实际上当时的道德和我们今天的道德有很大的差别，我们今天讲的道德是伦理学意义上的道德，而老子研究的是哲学上的"道"和"德"。所以，学《道德经》不要再犯这样的错误。接着，阐述他研究道德的目的，目的不是评职称当个教授或者当个什么官,而是"以自隐无名为务",不求出名,只是表述自己的思想。这种态度是道家一贯的态度,后来的庄子也是如此。

接下来介绍他后来的行踪,说:"居周久之,见周之衰,乃遂去"。这句话写得很简略,说他本来在东周的都城洛阳当守藏室之史,时间长了,看到周朝很衰败,就离开了。实际情况是,周朝的皇室内部发生内讧,两个王子(王子匄和王子朝)互相争权夺利,发生了长达十八年的"王子朝之乱",结果王子朝失败了。失败之后,他"奉周之典籍以奔楚"(《左传·昭公二十六年》),顺手将收藏室里的重要典籍拿着跑到楚国去了,这样一来,老子就相当于没有尽职,所以被迫离开了。离开之后到哪里去了呢?没有文字记载,估计是先回到他的老家。一段时间以后,家乡也不宁静,所以做出了一个决定,准备到当时比较安定的秦国去。于是就骑着一头青牛,慢慢地走着。接着至关,此"关"应该是指河南和陕西交界的函谷关。守关的官员叫尹喜,是老子的朋友,也属于道家的学者。传说他早晨起来放眼往东一看,见一片紫气东来,知道今天肯定有贵客来到。果然没多久,就见老子骑着青牛,慢慢悠悠地到了关前。尹喜非常高兴,好好地招待了老子,并且了解到他准备到秦国去,所以就提出了一个要求,说:"子将隐矣,强为我著书。"看来你是要隐居了,你这么多学问一定要留下来。所以老子就写下了这本《道德经》,然后离开。到哪里去了呢? 司马迁说:"莫知其所终",不知道他到底终老何处。但现在有一个说法,说是到了西安附近周至的楼观台,在那里讲《道德经》。那是一个有相当历史、风景也不错的地方,但到底是不是老子的隐居地,已无法考证。

著名画家范曾先生画过一幅《老子出关图》,描述他当年骑着青牛的情景。老子一袭白衣,头发、眉毛、胡子全是白的,横坐在牛背,一副悠哉游哉的样子。庐山有个著名的景点:仙人洞,在它旁边有一个小小的山洞,里面建了一座道观,道观门前有中国道教协会主席任法融(他就在陕西的楼观台当主持)撰写的对联:"紫气东来三万里,青牛西去五千言",将当年老子出关以及后来怎么有了《道德经》的情况形象地描写了出来,而且对仗非常工整,有助于了解老子其人其书,因此予以推荐。为此笔者加了一个横批:莫知其终,引自司马迁的这篇列传。

接下来说:"孔子适周,将问礼于老子。"孔子当年非常慎重地决定到洛阳去,是因为当时他周围的人对于周公的"制礼作乐"的内容不了解,听说老子很有学问,所以就专门请示了鲁昭王,鲁昭王给了他一点资助,然后他就到洛阳向老子问礼。见面后,他把自己的想法讲了很多,但是老子一言不发,最后说:"子所言者,其人与骨皆已朽矣,独其言在耳。且君子得其时则驾,不得其时则蓬累而行。吾闻之,良贾深藏若虚,君子盛德容貌若愚。去子之娇气与多欲,态色与淫志,是皆无益于子之身。吾所以告子,若是而已。"这段话让我们感到老子对这个年轻人多少有点教训的口吻,使得与孔子同行的弟子们有点不服气,但是孔子还比较谦虚,对自己的弟子说:"鸟,吾知其能飞;鱼,吾知其能游;兽,吾知其能走。走者可以为罔,游者可以为纶,飞者可以为矰。至于龙,吾不能知其乘风云而上天。吾今日见老子,其犹龙邪!"可见他对老子是很敬佩的,把他比作龙,见首不见尾,比喻老子的学问太大了,不知深浅。《道德经》大约出现在战国早期,但在流传过程中有不同的版本,文字上甚至有比较大的变动,所以引起了很多人的怀疑:怀疑老子是什么时候的人,这部书是什么时候写的,甚至怀疑到底有没有老子这个人。因为司马迁当时写这篇传记时，记了几种不同的说法，如太史儋、老莱子，他作为一个历史学家，如实地将所听到的予以记录。随着一系列考古发现，现在已确认，老子确有其人，而且比孔子稍长。当年怀疑得最厉害的人是钱穆，他认为老子是很晚才出现的，是在庄子后面出现的。这可能不太符合实际，因为《庄子》里有多处提到老子，如果比庄子晚，怎么会先提到呢？《道德经》这本书确实有很多文字上的变化，有不同版本，但是思想还是一贯的。所以现在认为，这本书的思想是老子的，文字上由他的后学在流传过程中做了加工。其从出现到定型，到我们今天看到的通行本，经历了一个比较长的流传和变化过程。按照当时的惯例，书是没有名字的，不分篇和章，也没有标点符号，即人们所说的"大块文章"。如果按照当时的习惯，应该将书直接叫《老子》，即人名和书名一样，就像庄子和《庄子》这本书一样。到了西汉时期，隐士河上公把它分成上下篇，上篇叫《道经》，下篇叫《德经》，而且具体分为八十一章，也就有了今天所称的《道德经》。后来晋朝的王弼给它作注，扩大了它的影响，也让它基本定型。

  如上所述，关于《道德经》，考古发现了很多不同的版本，著名的有1973年湖南长沙马王堆出土的帛书，有两种：甲本和乙本。甲本是用篆书抄写的，乙本是用隶书抄写的。还有1993年在湖北荆门郭店出土的竹简本。竹简本年代上早于帛书本。作为专门研究的人，要去比较不同版本的差别及是如何演变的，如刘笑敢写了一本《老子古今》，把五种文本（竹简本、帛书本、傅奕本、河上本、王弼本）进行了对比、校勘。作为一般的人，还是读通行本。所谓通行本，就是经过了两千多年的时间基本上定型了的版本，即是由王弼作注后定下来的版本。当然，也不是说通行本就绝对一字都不能更改，不同的人去读，总会觉得有一些问题，所以有些地方还是可以商榷的，因为每个人读的时候都有自己的理解。对《道德经》，还有一个特殊的现象，在中国历史上有四个皇帝亲自给《道德经》作过注，而且是中国历史上很有名气的四个皇帝：唐玄宗、宋徽宗、明太祖、清世祖，可谓一道很奇特的风景线。这些御注相当有水平，特别是唐玄宗的注，值得一看。

目录

《道德经》讲读 ……………………… 一

《道德经》的价值与启示 ……………… 二〇一

附录一：订正后的《道德经》 ………… 二〇六

附录二：分专题编辑的《道德经》 …… 二二一

参考文献 …………………………… 二二七

后记 ………………………………… 二三八

《道德经》讲读

第一章

原始本

道可道非常道名可名非常名無名天地之始有名萬物之母故常無欲以觀其妙常有欲以觀其徼此兩者同出而異名同謂之玄玄之又玄眾妙之門

通行本

道，可道，非常道；名，可名，非常名。無，名天地之始；有，名萬物之母。故常無欲以觀其妙；常有欲以觀其徼。此兩者，同出而異名，同謂之玄。玄之又玄，眾妙之門。

订正本

　　上述第一部分文本，应该就是《道德经》第一章的原始模样。没有标点符号，也不分段。所以阅读中国经典，第一步工作就是对原始文本进行订正和句读。在文字的版本上，本书以"通行本"为主，但也参考长沙马王堆出土的帛书本和湖北郭店出土的竹简本，同时还根据笔者个人的观点进行适当的订正。在这两方面,尽管前人已经做了不少工作,但鉴于每个人的阅读体验不同,所以完全可以有自己的订正和句读结果。具体到本章,在文字上,现有的各种版本基本相同,只是第三句"无名天地之始"中的"天地"二字,帛书甲本、乙本均为"万物",考虑到下句中的"万物之母",所以建议改为"万物"。在对上述的文本订正后,再进行句读,就是根据笔者的理解,对原始文本添加适当的标点符号,于是就有了下述的现代文本:

道,可道,非常道;名,可名,非常名。无,名万物之始;有,名万物之母。故常无欲以观其妙;常有欲以观其徼(jiào,边界,表面)。此两者,同出而异名,同谓之玄。玄之又玄,众妙之门。

试译

"道",可以言说,但言说出的"道"就不是真正的"道";"名",可以称呼,但称呼出的"名"就不是真正的"名"。"无",用来称呼万物的父亲;"有",用来称呼万物的母亲。所以只有"无欲"才可以观察到万物的奥妙;"有欲"就只能观察到万物的表面。"无"和"有"这两者,一同出自于"道"而名称不同,但可同称为"玄"。那玄之又玄的"道",是理解所有奥妙的唯一门道。

解析

这是《道德经》的前半部《道经》的第一章,是我们非常熟悉甚至都能背诵的一章。我们先把这章读一读,然后体会一下它的特点,再解释它的内涵,同时要说明为什么是这样的订正和句读。

读下来是一个什么印象呢?玄,而且还不是一般的玄,是玄之又玄。还有一个印象:像儿歌,朗朗上口。尽管难懂但很容易背,所以很多小孩马上就能把它背下来。但要真正理解,还是有相当难度的。如第一句,通常是"道可道"三字后加逗号,"非常道"后加句号。同样的是"名可名,非常名"。第三、第四句是:"无名,天地之始;有名,万物之母。故常无,欲以观其妙;常有,欲以观其徼。"这就是通常的句读方式。断句是一项基本功,也反映读者的功底。笔者的断句跟别人不太一样,因为笔者是一个学工科的老师,比较重视逻辑思维的特点,所以这样断句。为什么这样断?因为如果断成"道可道,非常道",强调的是:能说出的道就不是常道。这个"常"字在早期的版本中是"恒"字,后来因为避汉文帝刘恒的讳而改为"常"。句中的三个"道",其中第一个和第三个是作名词用,第二个"道"是作动词用,意为言说。笔者认为,这句话应该有两层意思:一是"道可以言说",二是"但是言说出的道不是真正的道"。如果只强调"言说出的道不是恒常的道",那大家就会说:既然这样,那就不要说了,为什么后面还要写出八十一章五千多字呢?由于"道"有这样一个特点——很重要——因此在《道德经》里以第一个字予以突出,因为它是道家的最高哲学范畴,有至高无上的地位;但是它又具有一个辩证的特点——当你言说出的时候就和真正的道产生了差距。这实际上是人的思维和语言的固有规律。我们每天的思维产生大量信息,用嘴说出的只是其中很少的一部分,进一步,记下来变成文字,又有了很大的差距。这在中国文化里叫"言不尽意,书不尽言",这是一种普遍的矛盾的存在。接下来,类似地,第二句话应理解为:名,是可以用来命名称呼的,但一旦命名称呼出来的名就不是真正的名。接下来第三、第四两句,为什么应该理解为"无"和"有",而不是"无名"和"有名"?这要根据《道德经》后面阐述的内容加以理解。后面老子强调的是"有"和"无",而不是"有名"和"无名",所以不应该断成"无名"和"有名"。为什么要将第三句中的"天地"替换为"万物"?因为第三、第四两句是要说明"无"和"有"的重要性。其中第四句说"有,名万物之母",那么,第三句就应该同样说明"无"对"万物"的作用,这样才协调、配套。同时,还要思考:"万物之始"和"万物之母"有什么不同?笔者认为:"万物之始"就是"万物之父",这样才与"万物之母"配对,才能说明"无"和"有"对万物的重要作用。关于这点,可以从对"始"字的分析中得到印证。古人对"始"的解释中有一种是:"甫者,始也。"(《玉篇》)又"甫者,父也"。所以"始"的一种涵义是:始者,父也。由此,"无,名万物之始"就和"有,名万物之母"完全协调、配套、对应了。用一句通俗的话表示,就是"无"和"有"是夫妻关系,"无"是夫,"有"是妻,而万物就是他们的子女。顺便说一下,为什么会将"无"称为"万物之父"而将"有"称为"万物之母"。可能是因为在原始的母系社会,人一般只知其母,不知其父,所以母亲就代表"有",而父亲则代表"无"。接下来,既然"无"和"有"是如此重要,那如何才能认识和观察到万物中的奥妙呢?要求必须要无欲:"故常无欲以观其妙。""无欲"就是没有个人的私欲,这样就可以看到万物内部的奥妙。"常有欲以观其徼",一旦有欲就看不到万物内部的情况,只能看到万物的表面了。接下来,老子强调非常重要的两个概念:"此两者",但"此两者"指谁?是哪两者?如果按照中国的文法,应指最近的,就是"无欲"和"有欲",但从《道德经》全文看,"无欲""有欲"显然不是非常重要的两个概念。那是不是最前面的"道"和"名"呢?显然也不是,因为后面讲"同出而异名","道"是最高的概念,不可能再出于谁。于是,"此两者"只能是指"无"和"有"。关于这两个概念的重要性,《道德经》后面有大量论述。同时,"无"和"有"确实都是出于"道"的,因为"道"就是"无"和"有"的辩证统一体。"无"和"有"这两者同出于"道",名字不一样,但又都可以称为"玄"("同谓之玄")。为什么说"无"和"有"都很玄呢?因为它们不是我们通常所理解的:无就是没有,有就是有,而是因为它们是哲学的范畴,所以就有了很玄的内涵:无非真无,有非实有,而是无中有有,有中有无。再下来的"玄之又玄,众妙之门"又该如何理解呢?"玄之又玄"指的是谁呢?是不是仍然指"无"和"有"呢?表面上看,好像是。但仔细思考,就会发现问题:能成为"众妙之门"的不应该是"无"和"有",尽管它们在观察万物时很重要。那应该是谁呢?当然是"道"了,因为本章就是强调"道"的最高地位的。如果用数学的概念来讲,"玄之又玄"就是二阶的

"玄"。一阶的"玄"是针对"妙"而言的,即"玄"是"妙"的一阶导数。那么,"道"就是"妙"的二阶导数了。所以从"道"的视角,就能真正理解万物的奥秘。用一个物理上的具体例子来看,要准确了解一个物体的位置,即距离,必须知道它的运动速度,因为速度是距离的一阶导数,是决定物体距离的高一级因素,而要进一步了解物体的运动,还必须知道它的加速度,加速度是距离的二阶导数,它决定了速度的变化。所以要准确知道物体的位置,就一定要从加速度的角度去把握。一般地说,把握的阶数越高,就越有预见性。

需要强调的是,对这一章的解读要给予足够的重视。我们知道,凡读中国经典,一定要对开篇一章给予足够的重视,因为学者认为,古人写书一定开门见山,要将最重要的东西首先讲出,否则就是态度有问题。如清代学者宣颖所说:"明道之书,若开卷不以第一义示人,则为于道有所隐。第一义者,是有道人之第一境界,即学道人之第一功夫也。"(《南华经解》)所以,笔者把这一章称为"道论之纲",是对"道"的纲领性论述,它告知我们老子对道的重视。笔者认为,老子最大的贡献是发现了"道"、研究了"道"、认识了"道",奠定了中国哲学的基础。中国的哲学说到底,就是"道"的学问。这一章强调了"道"的重要性,要我们重视"道",因为只有通过"道",了解它最深刻的"有"和"无"这两个概念,才能了解万物的所有奥妙,这是一个必经之路。为了帮助大家理解本章的内涵,笔者在此做一通俗的解释:"大道"恒常,难以言说;"大道"无名,难以名表。"无"是万物的父,"有"是万物的母。万物由其共同生,不能对"无"看不到。所以"无欲"才能观其妙,"有欲"只能观其徼(表面)。"无""有"虽然不同名,但是却同出于"道"。"道"才是真正的玄妙,而且是认识一切奥妙的唯一门道。

接下来,用一种比较规范的哲学语言来阐述"道"的特性,笔者把它归结为九个方面。

第一,"道"具有至高无上性。这种至高无上性是它和儒家的一个根本区别,儒家通常把天看成最高,但在道家,"道"是高于天的。后面的第二十五章阐述:"道大,天大,地大,人亦大。域中有四大,而人居其一焉。人法地,地法天,天法道,道法自然。"很明确地认为,"道"是高于天的,具有至高无上性。第二,"道"具有恒常性。这种恒常性是说"道永远存在",而不是永远不变,这点需要注意。因为西汉的董仲舒有一句很著名的话,叫"天不变道亦不变",它强调的是社会秩序的永恒不变,强调社会的等级等差。但道家的主要目的是认识天地万物的奥妙,所以"道"是会根据实际情况改变的,但是不管怎么变,它总是存在的。天地万物出现之前有"道",天地万物没有了还会有"道",所以此处强调的是:"道"永恒存在,但并不是永远不变。第三,"道"具有难以言说性:可道非常道,就是"言不尽意"。第四,"道"具有难以命名性:可名非常名。后面会反复提到,"道"是很难描述也很难命名的,所以勉强给它起了一个名字叫"道"。这种"难以命名性"是因为一旦命名后,它就和它真正应该有的名字有了距离,产生了差别,这就是"书不尽言"。第五,"道"具有辩证性,体现在它是"无"和"有"的辩证统一。"无"和"有"还有另外一种表达:"阴"和"阳"。阴、阳最早的含义是根据太阳来定义的,太阳能照到的地方就称为阳,照不到的地方就称为阴。所以"阳"在地理上指的是"山之南、水之北",如江苏的江阴是在长江的南岸,而武汉的汉阳是在汉水的北岸。"道"实际上就体现在阴和阳的辩证统一上。《易经》中说:"一阴一阳之谓道。"请注意:不是说一个"阴"加一个"阳"就变成"道"了,"一阴一阳"代表一种动作、一种过程、一种变化,事情的变化一会儿是阴占主导,一会儿是阳占主导,是阴、阳的发展变化决定了事物的本质,这就是"道"。有人说中国的哲学就是太极哲学,是很有道理的。第六,"道"具有本源性。通常,我们说到"道",总觉得很抽象,看不见摸不着,虚无缥缈,这里强调:它是万物之父母,实际上是指它具有本源性,具有本体性,是万物的本源。第七,把握"道"有一种高要求性:只有"无欲"才能观其妙。所以要真正体会"道"、了解"道",关键的条件是看你能否把自己的私欲、个人的想法去掉,去掉得越多你看到的就越多,全部去掉了就能彻底了解"道";一旦你还有自己的私欲,有你自己的想法,那就不能真正了解"道"。第八,"道"具有玄妙性:玄之又玄。第九,"道"的重要性:是众妙之门。陈鼓应先生认为:老子是要解释玄之又玄的奥妙,同时又要了解真之又真的真实。

　　尽管"道"这个概念太玄太玄了,但是两千多年后的我们还是要尽量去了解"道"的真正涵义,要梳理一下在中国文化中这个字最开始是什么涵义?经过演变以后又具有什么涵义?首先,它最原始的涵义,在《说文解字》里解释为:"一达谓之道",是什么意思呢?就是指要到一个地方去,就需要一条道路、一个途径,这个道路、这个途径就称为"道"。《说文解字》还解释:"道,从辵从首",是说人要走路,要到一个地方,要靠头脑指挥。这就是"道"最初的涵义。后来,"道"有了很多新的涵义、新的用法,可以归纳为两种:第一作动词,第二作名词。文本中第一句中的第一个"道"和第三个"道"是作名词用,第二个"道"是作动词用。作动词的意思是"说""言说"。如"说三道四"中的"道"就是作动词,代表"言说"的意思。作名词是现在最主要的使用形式,而名词里又可分为两大类:一类是形而下,一类是形而上。《易经》中说:"形而上者谓之道,形而下者谓之器。"所谓"形而下"就是有形的,看得见、摸得着;"形而上"就是无形的,看不见、摸不着。"道"的形而下涵义代表道路,通常指比较平坦、比较宽广的大道。现在用得最多的是"道"的形而上涵义。它作为中国哲学的最重要范畴,也有很多的涵义。最早表示人做事的时候要有一个规定、规范,相当于一条路,在这个路上走才能达到目的地,将事情做好。后来慢慢变成了"规律"的涵义。所以中国人讲"万物莫不有道":学习有学习之道,养生有养生之道,治国有治国之道,用兵有用兵之道,表示"万物都有它相应的规律"。虽然"规律"不能代表"道"的全部涵义,但在《道德经》中这是它的主要涵义,指的就是自然界、人类社会和思维的法则。另外,

"道"还可以代表一种思想、一种学派、一种组织。"道"具有一种本源性:《道德经》第四十二章阐述"道生一,一生二,二生三,三生万物"。同时"道"还可以代表一种很高的境界,如"我得道了""一人得道,鸡犬升天"。

综上,笔者认为,这一章是道论之纲,论述了"道"的一系列特性,强调了"道"的重要性:是万物的来源,犹如父母。它是"无"和"有"的辩证统一,又是理解所有奥妙的唯一途径。

对这一章,我们以其为范例,比较详细地从文本订正、句读入手,再加以今文的试译和内涵的解析。下面将不再对文本订正和句读作详细介绍,而是先直接给出通行本的繁体字文本,再给出订正和句读后的简体字文本,然后进行试译和解析。文本订正的依据会在解析中给出。之所以先给出繁体字文本,是按照"识繁用简"的原则,希望读者对繁体字要熟悉、会认。由于《道德经》的版本特别多,而且差别也比较大,所以文本的订正是一项十分重要的工作,需要予以重视。但笔者认为,文本订正的最主要目的是帮助我们更好地理解《道德经》的思想,既不是越古越好,也不能随心所欲地予以改动,要慎重对待。书中的文本以通行本即王弼本为基础,主要根据帛书本、竹简本和唐初的傅奕本等进行订正,也有一些订正是自己的一己之见,另有几处还将章的顺序作了调整,不一定恰当,不当之处,祈请方家指正。

第二章

通行本

> 天下皆知美之為美,斯惡已。皆知善之為善,斯不善已。故有無相生,難易相成,長短相較,高下相傾,音聲相和,前後相隨。是以聖人處無為之事,行不言之教。萬物作焉而不辭,生而不有,為而不恃,功成而弗居。夫唯弗居,是以弗去。

订正本

天下皆知美之为美,斯恶已;皆知善之为善,斯不善已。故有无相生,难易相成,长短相形,高下相倾,音声相和,前后相随。是以圣人处无为之事,行不言之教。万物作焉而不为始,生而不有,为而不恃(shì,赖),功成而弗居。夫唯弗居,是以弗去。

试译

天下的人都知道美之所以是美,也就知道了什么是丑;都知道善之所以是善,也就知道了什么是不善。所以"有"和"无"相伴而生成,难和易相互比较而成立,长和短是相互形成的,高和低相依而显现,音和声相互起作用而和谐,前和后相随而有序。所以圣人做无为的事,施行不发号施令的教化。万物自己生长而不用你去开始,生育了而不据为己有,作为了而不依仗,大功告成而不自居。正因为不自居有功,所以不会失去。

解析

这一章的文本有两处订正,据帛书本将"长短相较"改为"长短相形",将"不辞"改为"不为始"。

这一章是将第一章中所阐述的道理加以具体应用,特别是"无"和"有"辩证统一的道理。由于老子最为关注的是治国平天下,所以他首先论述作为治理天下的"圣人"应该如何为政。为此,他先运用类比和归纳的方法阐述了一个普遍的道理:万物都具有相对性,事物的双方都是同时出现、同时存在的。如,美和丑、善和不善。"天下皆知美之为美,斯恶已。皆知善之为善,斯不善已。"人们知道了什么是美,也就知道了什么是丑;知道了什么是善,也就知道了什么是不善,因为两者是同时出现、相比较而成立的。同样的现象还有很多,所以老子又列举了六对概念加以说明:有和无、难和易、长和短、高和低、音和声、先和后。"故有无相生,难易相成,长短相形,高下相倾,音声相和,前后相随。"所以有和无是相伴而生成的,难和易相互比较而成立,长和短是比较的结果,高和低是相依而显现,音和声相互起作用而和谐,前和后是相随而有序。此处有两点需要注意体会:一是"有无相生",前一章已经强调过,"道"就是"无"和"有"的辩证统一,这里又强调"有"和"无"是相伴生成的,也就是说,没有"有"就没有"无",同样,没有"无"也就没有"有","有"和"无"是同时出现的,就像"夫"和"妻"是同时出现的一样。二是"音声相和","音"是主动发出的,"声"是被动听到的,所以只有主动发出的"音"和被动听到的"声"相互起作用,产生共鸣,才能有效果。接下来,老子将这个"事物是相互联系而成立"的普遍道理应用到治国,从而得出了圣人为政的两个重要原则:"是以圣人处无为之事,行不言之教"。也就是"为无为""言不言",用无为的方式去为,用不言的方式去言。为什么要遵循这样的行为方式呢?因为"为"和"无为"、"言"和"不言"都是成对出现的,不能只看到一面,特别是不能只看到明显的一面,即"有"的一面,还必须看到隐蔽的一面,即"无"的一面,这才符合客观,才符合"道",因为"道"就是"无"和"有"的辩证统一。可是在现实中,人们通常只看到"有",而看不到"无",所以老子特别强调"无",特别重视"无",

甚至可以说,老子的哲学在某种程度上就是"无"的哲学。老子强调"无",首先是强调"无欲",其次是强调"无为"。这二者的逻辑关系是:"无欲"是基础,是出发点,"无为"是成功的关键,是达到"为"、达到目的的必需手段。所以,"为"和"无为"是不可分的,二者必须辩证统一,才能达到目的、取得成功。接下来所阐述的"万物作焉而不为始,生而不有,为而不恃,功成而弗居"就是"处无为之事"的具体表现,本质是顺其自然,同时不自居有功。最后,又强调了"弗居"(不自居有功)的重要性:"夫唯弗居,是以弗去"。因为对执政者而言,"弗居"是非常重要的要求,如果执政者一旦居功自傲,就会导致严重的后果,就会看不到民众的作用,就会轻视民众、自以为是,最终失去民众的拥护而失败,所以老子予以特别的强调。

对这一章还有几点需要予以说明:一是"圣人"的涵义。众所周知,圣人是儒家的理想人格,指的是道德水平非常高、能成为人类楷模的人。而在《道德经》中,"圣人"是指手中有一定权力,同时又懂得"道"并按照"道"做事的人。二是对"言"的理解。如果按字面讲,"行不言之教"就是"实行不说话的教化"就很难理解了。这样,当老师的怎么教学生?站在讲台上一句话也不讲,这是"行不言之教"吗?所以《道德经》中的"言"一定有特定的涵义。如果认真将《道德经》全部读完就能体会到,它代表有权有势的人利用他的权势去发号施令、指挥别人。所以"行不言之教"就是要平等待人,不要高高在上、发号施令、指挥别人、教训别人,而要"实施不发号施令的教化"。在《道德经》后面的章节中还有多处提到"言",如第五章的"多言数穷"、第十七章的"悠兮其贵言",再如第二十四章的"希言自然",也均应这样理解,才符合文意。三是如何理解文中的"是以",也就是如何理解前半段文字和后半段文字之间的逻辑关系。前半段阐述的是各种现象的相对性、有对性和辩证性。中国哲学认为,万物莫不有对。事物是成对出现的,每一件事情都有两个方面,所以看问题不能只看到一面,而要同时看到另一面,这就是"两点论"。因此,圣人为政就必须用无为的方法去做事,用不发号施令的方法去教化。这就是前半段文字和后半段文字之间的逻辑关系。顺便指出,老子强调"两点论"是很符合辩证法的,可以帮助我们理解中国哲学的一个特点——太极图和中国文学中的特殊形式——对对联。四是《道德经》的写作手法。上面已指出,本章采用了类比、归纳的方法,这种写作手法,在中国文学中被称为"比",即通过罗列、类比而归纳出一个普遍的道理或法则,进而用以指导人的行为。第一章采用的是一种平铺直叙的方法,在中国文学中被称为"赋"。我们知道,中国最早的诗歌集《诗经》有三种写作手法:赋、比、兴。朱熹在他的《诗集传》中解释:"赋者,敷也,敷陈其事而直言之也;比者,以彼物比此物也;兴者,先言他物以引起所咏之词也。"我们发现,《道德经》中也采用了这三种写作手法。后面,我们会发现"兴"的写作手法,只是内涵和朱熹的解释有所不同,这是一个有趣的现象。著名学者叶嘉莹在她的《人间词话七讲》一书中给"赋、比、兴"做了一种新的解释:比是由物及心,兴是由心及物,赋是即物即心。这可以帮助我们理解《道德经》的思维方法和写作方法。笔者认为,也可以将"比"理解为归纳,将"兴"理解为演绎。五是要注意体会《道德经》中的逻辑关系。笔者认为,《道德经》中的各章之间除了个别的几处,一般都没有很强的逻辑关联,但一章之内却是有较强的逻辑关系的。如本章显示的前面列举的现象中包含的道理和后面的推理之间的逻辑关联,是需要仔细体会的,特别是有"是以"的地方。

第三章

通行本

> 不尚賢，使民不爭；不貴難得之貨，使民不為盜；不見可欲，使民心不亂。是以聖人之治，虛其心，實其腹，弱其志，強其骨。常使民無知無欲，使夫智者不敢為也。為無為，則無不治。

订正本

不尚贤，使民不争；不贵难得之货，使民不为盗；不见（现）可欲，使民心不乱。是以圣人之治，虚其心，实其腹，弱其志，强其骨。常使民无知（zhī）无欲，使夫知（zhì）者不敢为也。为无为，则无不治。

试译

不崇尚贤能，使民众不争斗；不以难得的东西为贵，使民众不去偷盗；不显现想要的东西，使民众的心不乱。所以圣人治理国家，要让民众的心思空虚，让民众的肚子吃饱，让民众的志向减弱，让民众的身体强壮。让民众没有过分的聪明和欲望，让那些所谓的聪明人不敢随意妄为。用无为的方式去为，就没有治理不好的。

解析

这一章的文本和通行本一致，没有订正，只是将其中的"智"按帛书本改为"知"。古时"知""智"通用，读音根据内涵区分。其写作模式跟第二章一样：一开始列举三种做法，然后接下来讲圣人如何按照这三种做法里面体现的规则去治理国家，指导自己的行为。

所以我们理解了第二章的写作手法："比"，即通过类比，归纳出一个道理或法则，就同样能够理解这一章。哪三件事情呢？第一，"不尚贤"，"尚"是崇尚，"贤"在这里指的是贤能，所以"不尚贤"就是不崇尚贤能，这样民众就不会争来斗去，勾心斗角。第二，"不贵难得之货"，就是不以难以得到的东西为贵，这样民众就不会当强盗。因为如果将一些难以得到的东西，如金、银、财宝等，看得很贵重，就会有人去当强盗，用不正当手段得到它。第三，"不见可欲"，就是不将人们心里想要的东西显现出来，这样民众的心就不会乱。这里的"见"通"现"，即显现。这三件事情说明的是什么道理呢？是要让民众保持平静的心态，就是"无欲"，没有过分的欲望。这里指的是过分的欲望，而不是正常的需求。如果是正常的需求，那是恰如其分的要求，是合理的要求，应该满足。所以，根据这三件事情总结出的道理应用到治理国家天下上，就有了如下的具体做法："虚其心，实其腹，弱其志，强其骨"。这四句话，体现的就是让民众保持平静的心态，不要有过分的欲望，所以要虚其心、弱其志，但是，同时还必须满足民众的正常需求，即实其腹、强其骨，肚子要吃饱、身体要健康。接下来，进一步强调："常使民无知无欲，使夫知者不敢为也"，此处的"知"指的是"小知"，即小聪明，如庄子在《逍遥游》中所说"小知不及大知"中的"小知"，所以，此处的"无知无欲"应该理解为过分的聪明和欲望，就是要经常让民众不要有过分的欲望，同时使所谓的聪明人（智者）不敢随意妄为。这样一来，就可以实现"为无为"，即用无为的方式去为，结果就一定是"无不为"，即没有治理不好的。

可以看出，这一章是对上一章圣人"处无为之事"的进一步阐述和具体化。

需要指出的是，这一章常常被理解为老子主张愚民，于是进行批判。这显然是没有正确理解文意造成的结果。"无知无欲"指的是过分的欲望，而不是正常的需求。老子确实反对"智"，但这个"智"在老子的心目中指的是小聪明，而不是大智慧。老子推崇"大知",就是"道",但反对耍小聪明。后面第六十五章所说的:"以知治国,国之贼;不以知治国,国之福",就是明证。

关于人的欲望(人欲),要认识到它的两面性,正如一把双刃剑:一方面,可以推动社会的发展;另一方面,又会导致社会的异化,产生很多不好的后果。后来宋明理学的程朱(程颐、朱熹)提出要"兴天理、灭人欲",引起了很多的批判。实际上,"人欲"指的是人的过分的欲望。朱熹说:"饮食者,天理也;要求美味,人欲也。"(《朱子语类》卷十三)人要吃饭的欲望是正常的,但是如果一定要吃山珍海味,普通的不吃,这就是人欲了,程朱主张要灭的就是这种人欲。这类似于老子提倡的"无知无欲",不是要否定人的合理的基本需求,而是要消解过分的欲望。反观我们今天的这个社会、这个世界,就是因为过分炫耀财富、炫耀新奇,使得人的欲望太多了、太高了,所以造成了很多恶果,致使人心浮躁、环境恶化,也加多了犯罪。社会越往前发展,科技越发达,在某种程度上就越刺激了人的过分的欲望,过分就走向了反面,所以引起了很多的问题,这是需要我们认真思考的。

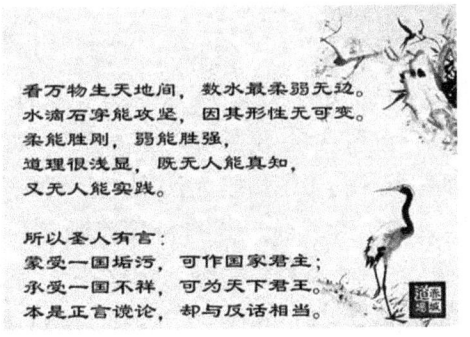

看万物生天地间,数水最柔弱无边。
水滴石穿能攻坚,因其形性无可变。
柔能胜刚,弱能胜强,
道理很浅显,既无人能真知,
又无人能实践。

所以圣人有言:
蒙受一国垢污,可作国家君主;
承受一国不祥,可为天下君王。
本是正言谠论,却与反话相当。

第四章

通行本

> 道沖,而用之或不盈。淵兮,似萬物之宗。挫其銳,解其紛,和其光,同其塵。湛兮,似或存。吾不知誰之子,象帝之先。

訂正本

道冲,而用之或大盈。渊兮,似万物之宗;湛(古通"沉")兮,似或存。吾不知谁之子,象帝之先。

试译

"道"是中空的,但用起来却非常充盈。深远啊,好像是万物的祖宗;看不见啊,又似乎存在。我不知道它是谁的后代,但出现在天帝之先。

解析

首先说明文本的订正情况。有两处:一、通行本的第一句是"道冲,而用之或不盈",现将"不盈"改为"大盈"。如按原文,是说:道是中空的,而用起来好像不满,无法理解。后面的第四十五章有:"大盈若冲,其用不穷。"虽然"冲"和"盈"涵义相反:一个是空,一个是满,但"道"具有相反相成的辩证特性,所以应该将"不盈"改为"大盈",才符合"道"的这一特性。二、通行本在"渊兮,似万物之宗"后还有"挫其锐,解其纷,和其光,同其尘",一方面因为后面的第五十六章还有同样的这四句,另一方面这四句放在这里,将前后的文意隔断,非常不协调,所以将其删去。

这一章的写作手法和第一章相同,采用了"赋"的手法:直接陈述,平铺直叙地描写"道"的特性。"道"具有一种"冲"的特性:中间是虚空的,好像没有东西,但实际上却非常充盈,用起来不会穷尽,所以实际上是一种"大盈":极大的充盈,取之不尽,用之不竭。因此显得很深远,好像是万物的祖宗,万物都从它里面出来;虽然从表面上看不见,但似乎又存在,让人可以相信。于是,人们会问:它到底是从哪里来的?但谁也说不清,只是觉得它自古就存在,出现在天帝之先(《系辞上》:"见乃谓之象,形乃谓之器。"故"象"训为"出现")。由于"道"出现在"天帝"之先,说明在老子心中,人文已超越了宗教。

《道德经》中有很多这样的章节,从各个方面描述"道",但一直没有给出一个具体的定义。为什么会这样呢?因为古人的思维方式和今人不一样。今人习惯于概念思维,而古人习惯于象思维,即抽象思维和形象思维。形象思维更形象、生动,具有更多的内涵,需要更多地发挥个人的想象。在这样的想象中,会有很多的创新。不像我们现在给出一个定义,表面上看,是将问题讲清楚了,但另一方面,也将思维固化了。所以,在大力提倡创新的今天,需要学习古人的这种象思维方式。据统计,《道德经》八十一章中反复描述"道"的大约有十余章,这一特点值得注意。

关于象思维,有兴趣者可参阅中国社会科学院王树人先生的著作《回归原创之思——"象思维"视野下的中国智慧》。

第五章

通行本

天地不仁,以萬物為芻狗;聖人不仁,以百姓為芻狗。天地之間,其猶橐籥乎?虛而不屈,動而愈出。多言數窮,不如守中。

 订正本

天地不仁,以万物为刍(chú,草,现简写为"刍")狗;圣人不仁,以百姓为刍狗。天地之间,其犹橐籥(túoyuè,风箱)乎?虚而不屈(jué,竭),动而愈出。多言数穷,不如守中。

试译

天地无所谓仁爱不仁爱,它将万物都当作祭祀用的刍狗一样看待;圣人也无所谓仁爱不仁爱,他将百姓都当作祭祀用的刍狗一样看待。天地之间,不正像风箱一样吗?虚空却不会竭尽,越拉动就越出风。执政者经常发号施令就会很快走向穷途末路,所以不如守住中道。

解析

这一章的文本没有订正,和通行本一致。注意:读这一章的前两句:"天地不仁,以万物为刍狗;圣人不仁,以百姓为刍狗"时,不要误解为:天地是不仁爱的,圣人是不仁爱的,他们把万物和百姓都看作是刍狗。刍狗是什么呢?是古代祭祀的时候,"结刍为狗",用刍草扎的像狗之类的东西。刍狗具有两面性:一方面,很重要,没有它祭祀无法进行;另一方面,不重要,因为它是用草扎的,本身的价值很低,同时,祭祀完以后,就扔在一边,除非以后再次祭祀才用。所以,说重要它非常重要,说不重要它一点都不重要。天地看待万物也是这样:说重要,都重要;说不重要,都不重要。这实际上体现的是一种"大仁不仁"的态度,是一种最广大、最普遍的仁爱,是仁爱的最高境界。不像有些人,对一部分人很好,当然也是仁爱,但对别的人,更多的人,就没有仁爱了。所以,此处的"不仁"也可以理解为一视同仁。还要注意的是,此处讲"天地不仁、圣人不仁"的目的是用来说明"道":天地和圣人都是"道"的象征,"道"就具有天地和圣人这种一视同仁的大仁大爱。接下来,又将"道"形容为天地之间的一个大风箱:"天地之间,其犹橐龠乎?"具有"虚而不屈,动而愈出"的特点,即虚空却不会穷尽,越拉动就越出风。最后,以此警告统治者:"多言数穷,不如守中",经常发号施令就会很快走向穷途末路,所以不如守住中道。实际上是要统治者按照"道"为政,因为"道"不走极端、一视同仁,具有中和的性质。统治者如果老是发号施令,自以为是,当然很快就会走向穷途末路。

  对最后这句话中的"中"和"言"笔者再作一点阐述。"中"在儒家是指"中庸"的"中",即不走极端、无过无不及。道家讲"中"也有这种涵义,但解释为"冲",是一种虚静。"言"字我们在第二章中讲过:"行不言之教",就是"实施不发号施令的教化"。所以"行不言之教"就是要平等待人,不要高高在上、发号施令、指挥别人、教训别人,老是这样地"言"就一定很快没路可走了,所以不如让自己保持一种虚静的状态,冷静、平等地看待天地万物和民众。

  这一章的写作手法主要是"赋",也采用了一部分"比"。

第六章

通行本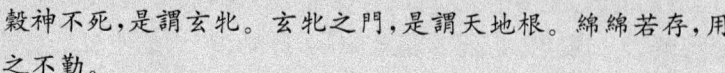

> 穀神不死,是謂玄牝。玄牝之門,是謂天地根。綿綿若存,用之不勤。

订正本

谷神不死,是谓玄牝(pìn,雌性)。玄牝之门,是谓天地根。绵绵若存,用之不勤(尽)。

试译

"道"好像山谷之神,是不会死的,所以称为"玄妙的雌性"。玄妙雌性的生育之门,就称为天地的根本。"道"是绵绵不绝、好像永远存在的,用起来永远不会穷尽。

解析

这一章的文本没有订正,和通行本一致。如何理解第一句中的"谷神"是一个难点。学术界有多种说法,但都无法达成共识。现在一般接受"谷神"就是"道"的说法。但为什么能用"谷神"表示"道"?笔者的理解是:因为谷是两山之间的开阔空间,与上一章中的"橐龠"(风箱)类似,从中可以生出很多东西,这就和"道"的特性相同。"道"是不会死的,永远存在,从古至今,甚至未来都永远存在,然后给它一个名字,称为"玄牝"。"牝"和"牡"相对,一个代表雌性,一个代表雄性。动物雄的叫牡,雌的叫牝;也称丘陵为牡,溪谷为牝。"玄牝"就是一个很玄妙的雌性的东西。从这个定义可以知道,老子这个思想和当时的社会形态有一定联系:人类社会最早是母系社会,以女子为中心,子女都出自母亲,后来才发展为父系社会,以男子为中心。《道德经》里有很多观点都反映了母系社会的一些现象和思维方式,如推崇柔弱谦下。接下来,称这个玄牝之门为天地根,这是因为玄牝之门可以生育出天地万物,而且连绵、永远存在,不会穷尽,所以称为"绵绵若存,用之不勤"。此处的"勤"是"尽"的意思。

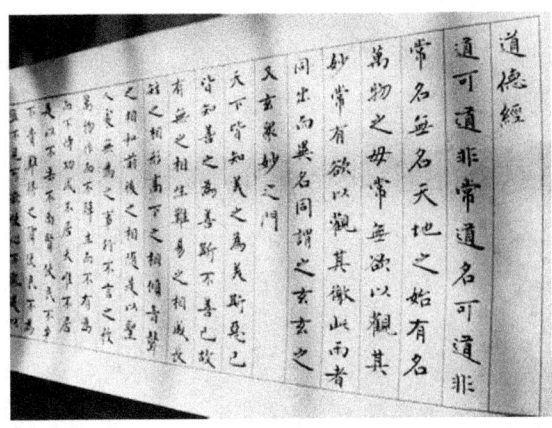

第七章

通行本

> 天長地久。天地所以能長且久者,以其不自生,故能長生。是以聖人後其身而身先;外其身而身存。非以其無私邪?故能成其私。

订正本

天长地久。天地所以能长且久者,以其不自生,故能长生。是以圣人后其身而身先,外其身而身存。非以其无私欤?故能成其私。

试译

天地是长久存在的。天地之所以能长久存在,是因为它们不为自己而生,所以能长生。所以圣人在有利益的时候将自己放在民众之后,反而获得民众的拥护,成为民众的先导;在有危险的时候将自己的生死置之度外,反而能带领民众一起战胜危险,使大家都得以生存。不是可以将圣人的这些做法称为无私吗?实际上,圣人是以无私成就了他的私。

解析

这一章的文本没有订正,和通行本一致。这一章是比较难理解的一章。所以在上面的试译中用了较多的文字,以帮助理解。这一章的写作手法采用了《道德经》的第三种写作手法:"兴"。"兴"是由心及物,首先给出一个由心里感发出的想法,而且一般均用四个字表达，给人一个强烈的冲击，然后再进行演绎，如这章中的第一句"天长地久"。中国语言中四个字最能给人冲击，留下深刻的印象，所以在中国常用的成语都是四个字的。"天长地久"，一下子就给人一种很深的印象。后来白居易也将它用在了他的《长恨歌》中："天长地久有时尽，此恨绵绵无绝期。"接下来，就对这句话进行演绎：解释为什么天地能长久存在，是因为它们不为自己而生。"天地之所以能长且久者，以其不自生，故能长生。"这实际上是用来比喻"道"的，"道"像天地一样，也是长久存在，也是因为"道"不为自己而生，是"无私无欲"的典范，所以能够长生。下面接着论述"是以圣人"如何，这种论述方式和第二章中的"比"类似。"是以圣人后其身而身先，外其身而身存。"这两句话是本章的关键，像第二章中的"是以圣人处无为之事，行不言之教"一样，非常重要。但是这两句话理解起来比较困难，什么叫"后其身而身先，外其身而身存"？这里体现出一种辩证思想，如同"有为"和"无为"、"言"和"不言"的辩证统一一样。笔者认为，"后其身而身先，外其身而身存"是指在两种不同的情况下圣人的为人处事方式。也就是圣人按照前面阐述的道理"不自生"，即"无私无欲"，应该采取的做法。第一种情况是指：当一件事情有好处的时候，他一定要把自己的身体摆在民众的后面，这就叫"后其身"。因为圣人是懂得"道"并按照"道"做事的统治者，是治理民众的，这样做的结果，表面上好像吃了亏，好处给了民众，自己没得到，但是实际效果是辩证的，民众会拥护你、推举你，把你推到前面来领导他们，你就有了威信，能真正带领他们前进。反过来，如果一件事情有好处，当官的首先考虑自己得到，民众还会拥护你吗？"外其身而身后"指的是另外一种情况：一件事情如果有危险怎么办？如果你躲到后面，民众也会躲到后面；如果你跑，民众比你跑得更快。所以这时圣人作为领导者，必须要"外其身"，把自己的身体生命置之度外，然后带领民众一起去战胜危险、克服困难，这样大家的生命才能得以保存。如果你跑，民众也跑，最后大家都活不了。这样一来，好处让给别人了,有危险你自己身先士卒冲上去,这样的行为不是显得很大公无私吗?所以有了后面这句话"非以其无私欤?"老子怎么回答的?"故能成其私。"这句话很巧妙,他没有直接回答是有私还是无私,说的是"能成其私",这就是一种辩证思维,说明的是:圣人以无私的行为成就了自己的私,他可以继续得到民众的拥护,继续做官,用正当的方式得到该得的利益。其实,这种"私"从根本上还是一种"公",这样的"私"和"公"是辩证统一的,最终得到好处的是民众。所以什么叫"有私",什么叫"无私",要辩证看待,不能绝对地提倡一定要大公无私,当然更不能提倡首先去考虑自己,而是要将"有私"和"无私"辩证统一,才能在现实中长久存在。如果你用有私求有私,就是贪官;而绝对的"无私"又脱离现实,如果过分宣传,会造成弄虚作假现象的出现。所以辩证地认识"有私"和"无私"的关系是一种大智慧,这就是老子辩证思维给我们指出的"为官之道"。《淮南子》里有个故事很有名,说:"公仪休相鲁,而嗜鱼。一国献鱼,公仪弗受。其弟子谏曰:'夫子嗜鱼,弗受何也?'答曰:'夫唯嗜鱼,故弗受。夫受鱼而免于相,虽嗜鱼,不能自给鱼;毋受鱼而不免于相,则能长自给鱼。'此明于为人为己者也。故老子曰:后其身而身先,外其身而身存。非以其无私欤?故能成其私。"故事是说公仪休当鲁国的宰相,很喜欢吃鱼。有一个国家的人投其所好,给他送鱼,结果他不要。他的弟子就问:"你不是喜欢吃鱼吗?为什么不要呢?"他回答:"正因为我喜欢吃鱼,所以我不能要他的鱼。为什么呢?如果我接受了他的鱼,就是接受贿赂了,那么我就当不成宰相,到了那时尽管我喜欢吃鱼,我都没有钱去买鱼了。如果我不要他的鱼,就可以继续当宰相,不会被免掉,然后就可以长期用我自己正当得到的俸禄去买鱼。"公仪休就懂得怎样辩证地思考问题,懂得"以无私求有私",跟贪官的思维完全不一样。贪官的思维方式是"以有私求有私",是一种赤裸裸的单向思维,所以一般没有好下场。那么,能不能提倡"以无私求无私"呢?那不是形象更高大吗?笔者认为,这只能作为理想,对于现实中的普通人,是不应该以这样的标准去要求的。所以笔者一直对一种提法持保留态度,即"毫不利己,专门利人",作为普通人,能做到吗？现在有一种现象:调子唱得越高的人越贪,所以宁可低调做人,老实做事。如果当官的智慧高一点,掌握了老子的辩证法,能做到"以无私求有私",已经够好了,老百姓一定会得到更大的实惠。

第八章

通行本

> 上善若水。水善利萬物而不爭,處眾人之所惡,故幾於道。居善地,心善淵,與善仁,言善信,正善治,事善能,動善時。夫唯不爭,故無尤。

訂正本

上善若水。水善利万物而不争,处(chǔ)众人之所恶(wù,厌恶),故几(jī,近)于道。居善地,心善渊,与善仁,言善信,政善治,事善能,动善时。夫唯不争,故无尤。

试译

最高的善就像水。水善于便利万物而不和万物相争,处于众人都讨厌的地方,所以非常近于"道"。(有"道"的人,应像水一样)居住以低为善,心地以静为善,交往以仁为善,说话以信为善,为政以治为善,做事以能干为善,行动以合时宜为善。正由于不争,所以没有过失。

解析

这一章的文本没有订正,和通行本一致。其和第七章一样,采用了"兴"的写作手法。一开始就给出四个字:"上善若水",给人留下深刻的印象和极大的冲击,即最高的善就像水。水,是柔弱的象征,水和火是相对的,火是阳,水是阴,老子崇尚水,代表一种母系社会的思维特征。下面进一步解释这句话:为什么最高的善就像水。因为"水善利万物而不争,处众人之所恶,故几于道":水善于便利万物而不和万物相争,处于众人都讨厌的地方,所以非常接近于"道"。水具有两个特点:第一个特点是"善利万物而不争",对万物都能够恰如其分地带来好处。因为水有两面性,在需要的时候能给万物带来很大的好处,如果不需要的时候,它也会造成很多的恶果。所以说要"善利万物",做好事也要会做,才叫善利。这需要具有一定的艺术性,要把握好度。再就是要"不争",要既能恰到好处地给万物带来好处,同时又不与万物去争好处。做好事的目的不是去争好处,也不是要得到什么回报,这才是最高的善。第二个特点是"处众人之所恶":能待在众人所讨厌的地方。怎么理解这一点呢?中国有句俗话叫"人往高处走,水往低处流",谁都不愿意把自己摆在最低的位置,而水恰恰和人相反,哪里最低,它就待在哪里。这两点恰恰和"道"的特性非常相近,"故几于道"。接下来,又提出了七句话对"道"进行描述,强调有"道"的人做事情都要体现"道"的"上善"的品质。"居善地",此处的"地"应理解为"低",是说选择居住的地方应该像水一样做到低,而不是高,实际上是讲做人要把姿态放低,低调做人。"心善渊",是说心要像很深的水潭一样保持平静沉稳,不要浮躁,不要一有风就动。"与善仁",是说跟别人打交道要像水一样对别人仁爱。"言善信",是说说话要像水一样讲究信誉。"政善治",是说为政要像水一样善于治理。"事善能",是说做事情要像水一样能把事情做好。"动善时",是说如果你要变动就要像水一样善于把握好时机。这七个方面都是以水作为标准来要求的,实际上,就是以"道"要求自己。最后又强调:"夫唯不争,故无尤。"不争的重要性就是:正因为不争,所以不会犯错误,很多的错误都是因为跟别人争名夺利造成的。说到"不争",可以联想到《论语》中的一章:"君子无所争。必也射乎?揖让而上,下而饮,其争也君子"(《八佾》)。意思是说,君子是没有什么要去争的。如果要说争,可能一定是射礼中的争吧。射礼中的射箭,双方先按照礼节谦让,再来到堂上比射箭,射完以后,下来一起饮酒。

这种争也是一种君子之争。可见,在古代,不管是儒家还是道家,都是不提倡争的,特别是争名夺利。如果要争,也一定要遵循一定的礼节,做君子之争。

综上可知,这一章借用水很形象地把"道"的特性作了描述,所以引起很多人的借鉴。比如,有的人取名叫"若水";再如,南京有一个大学叫河海大学,以研究水和水利为特色,它在常州有一个分校,要给新建的一个广场取名,有很多建议,但最后定名为"若水广场"。好多人不理解,怎么叫"若水广场"呢?如果你读了《道德经》,就知道"若水"的来历和寓意。应该说,这个名字是取得非常好的。作为一所大学,应该培养具有最高的善良品质的人,然后又和河海大学的特色非常契合,因为它是和水打交道的。

第九章

通行本

> 持而盈之，不如其已；揣而锐之，不可长保；金玉满堂，莫之能守；富贵而骄，自遗其咎。功成身退，天之道。

订正本

持而盈之，不如其已（停止）；揣（zhuī，捶打）而锐之，不可长保；金玉满堂，莫之能守；富贵而骄，自遗其咎。功成名遂身退，天之道哉！

试译

把持而且达到盈满，不如适可而止；捶打得十分锐利，不可能长久保持；金玉堆满堂屋，没有人能守得住；既富且贵还骄奢，是自己留下灾祸。功成名就后引身而退，符合天道啊！

解析

这一章在文本订正上有几点需要说明。最后一句中的"功成名遂身退"，通行本为"功遂身退"，有的版本为"功成事遂身退"，根据习惯，以"功成名遂身退"为宜。另通行本中没有最后的"哉"字。"哉"由第十章的第一个字"载"转化而成，源于唐玄宗天宝五年（746）的诏书："顷改《道德经》载字为哉，仍隶属上句。"

这一章的写作手法和第二章一样，采用了"比"的方法。先描述了四件事情。第一件事情，"持而盈之，不如其已"，是说人把持而且达到盈满，不如适可而止。我们人来到这个世界，都是握着拳头出生的，总喜欢要得到，要索取，而不是奉献；可是死的时候，都是撒手人寰。所以，作为人，应该看得开一些。即使要得到东西，也要掌握一定的度，要适可而止。老子称为"不如其已"，"已"就是停止。之所以要适可而止，就是因为任何事情都有限度，超过限度，就会"物极必反"，走向反面。你抓得太满、太多了，最后一定抓不牢、得不到，所以不如适可而止。第二件事情，"揣而锐之，不可长保"，是说古时候制造武器，通常要将顶端敲打得非常尖锐，以为这样杀伤力就大，但是不可能长期保持，因为它太锐利了，很快就会折断。所以同样的道理，也要适可而止，否则就会物极必反，走向反面。第三件事情，"金玉满堂，莫之能守"，是说一个人来到世上总想追求富贵，越多越好，但如果多到了金玉满堂，能守住吗？"莫之能守"，不可能把它守护得很牢靠，因为别人都很穷，你家里那么多金和玉，所以一定有人打主意，要么偷，要么抢，甚至把你杀掉，最后你是守不住的。即使没有这些，你的子孙后代也会把它挥霍掉的，所以说不可长保。第四件事情，"富贵而骄，自遗其咎"，是说如果一个人既富又贵而且还很骄傲，那就是自找倒霉，自己给自己留下祸害，自己给自己找一个不好的下场。那么，人应该怎么对待自己的一生呢？老子最后给出一个结论："功成名遂身退"，功成名就了就要主动退出，这样做是符合"道"的："天之道哉。"人活在世上，一定会追求功名，这是必然的。著名哲学家冯友兰先生说，人生有四种境界：第一种境界是自然境界，就像动物一样，要吃要喝，有自然的需求；第二种境界是功利境界，为自己追求功名利禄；第三种境界是道德境界；第四种境界是天地境界。（见《新原人》）说明人的境界是要一步一步提高的。所以人追求功名利禄是可以理解的人之常情，但是一定要掌握一定的度，不要无止境地去追求，当你功成名遂之后，要即时身退，也称"激流勇退"。我们通常强调"激流勇进"，但是老子提倡激流勇退，当你功成名遂之后一定要适可而止，尽早抽身，这是不是消极呢？其实这正是老子的辩证思维。老子认为，这种做法是符合天道的。历史上，特别是中国历史上,凡是那些建功立业达到光辉顶点的人,如果没有及时抽身而退,往往都没有好下场。如春秋时越国的文种、秦朝的李斯、明朝的张居正,莫不如是。所以很多聪明人,有智慧的人,都会功成名遂身退。如和文种同时的范蠡,还有汉朝初期的张良。那么,是不是简单地退下来就了事了呢?不是的,还应该退而思过。苏州的吴江同里有一个园林叫"退思园",就反映了这样的思想。退思园是个很好的园林,是清朝末年的安徽兵备道(类似于武装部长或地区司令)任兰生晚年主动回到家乡自己设计的一个很精致的园林,用了八个字:春、夏、秋、冬、琴、棋、书、画,非常精致,一步一景,可是外表跟普通人家一样,不显山不露水,只有进去之后才会发现其中的奥妙。任兰生的这种行为应该是借鉴了老子"功成名遂身退"的思想,再加上儒家"退而思过"的思想而成的。

关于这一章还可以继续展开一些讨论。明朝洪应明写过一本书叫《菜根谭》,里面有很多很好的警句,其中有两句和本章有关联:"宠辱不惊,闲看庭中花开花落;去留无意,漫观天外云卷云舒"。这副对联历来被中国文人喜爱,经常会用来在遇到挫折时勉励、宽慰自己。如新中国成立后不久的北京大学校长马寅初曾给毛泽东提了个建议,希望注意人口问题。刚解放时,中国人口为四万万五千万,即 4.5 亿。他认为中国经济落后,人口多会成为国家发展的负担。但是毛泽东不同意,认为人多好办事,还组织人批判马寅初,把他称为"中国的马尔萨斯"。马尔萨斯是 18 世纪英国的经济学家,他提出一个著名的人口论,认为人类的物质财富是按算术级数增长的,而人口是按几何级数增长的。所以物质财富的增长将越来越赶不上人口的增长,最后必然会爆发战争,或碰到大的疾病流行,才能使这个矛盾和缓下来。于是,在那种情况下,全国的报纸都点名批判马寅初,他的北京大学校长也当不成了,而且还不让他阐述自己的观点。当时很多人提醒马寅初,让他顺着形势写一个检讨过关,但马寅初断然拒绝。为了宽慰自己,就把这样一副对联写下来,挂在自己的书房。多年后,历史证明他是正确的,给他平反,可惜人已经不在了;造成的后果是,中国的人口到了今天这样一个数字。所以后来有人说,这是"错批一个人,多了几亿人"。原华中科技大学校长杨叔子院士认为,这副对联容易滑向比较消沉的一面,所以建议再加上两句,成为:"宠辱不惊,闲看庭中花开花落,细品尝,终归有味;去留无意,漫观天外云卷云舒,深追究,毕竟多姿",这样确实更合适一点。

后来,在20世纪80年代后期,这副对联也很出名。当时一大批老干部退休,这些老干部在位时,人前人后、车前车后都有人伺候,可是退休后马上是"门前冷落车马稀",心态一下就失衡了,所以很多老干部郁郁寡欢,很快就去世了。当时有个著名的养生专家洪昭光将这副对联推荐给大家,建议将自己的心胸放宽一点,这样有助于养生。

第十章

通行本

> 載營魄抱一,能無離乎?摶氣致柔,能嬰兒乎?滌除玄覽,能無疵乎?愛國治民,能無知乎?天門開闔,能為雌乎?明白四達,能無為乎?生之,畜之。生而不有,為而不恃,長而不宰,是謂玄德。

订正本

营魄抱一,能无离乎?抟(tuán,团)气致柔,能婴儿乎?涤除玄鉴,能无疵乎?爱民治国,能无为乎?天门开阖(hé,合),能为雌乎?明白四达,能无知(zhì)乎?

试译

灵魂和体魄合在一起,能不分离吗?聚精守气致力柔和,能像婴儿一样吗?清除心灵的镜子,能够不染尘埃吗?爱护民众治理国家,能够做到无为吗?面对天门的开合,能宁静对待吗?明白事理、通达四方,能不用智巧吗?

解析

本章在文字上有多处订正。通行本为:"载营魄抱一,能无离乎?抟气致柔,能婴儿乎?涤除玄览,能无疵乎?爱国治民,能无知乎?天门开阖,能为雌乎?明白四达,能无为乎?生之,畜之。生而不有,为而不恃,长而不宰,是谓玄德。"首先,第九章讲到,将第一个字"载"移至上章并改为"哉"。其次,最后的一段文字:"生之,畜之，生而不有，为而不恃，长而不宰，是谓玄德"，在后面的第五十一章又出现一次，经过思考，笔者认为应将其去掉，因为这段文字和前面的联系不紧密，关联度不大。再次，将文中的"能无知乎"和"能无为乎"做了对调，这样更合乎原意。

这样一来，本章就由六个问题组成。第一个问题："营魄抱一，能无离乎？"是说一个人的灵魂和体魄能不分离吗？老子这样问问题，表明他的观点是要抱一：一个人的体魄和灵魂应该是一个统一的整体，所以应该做到不要分离。第二个问题："抟气致柔，能婴儿乎？"聚精守气致力柔和，能像婴儿一样吗？婴儿是人一生当中最为柔软的一个阶段，但同时又最富元气、最有发展前景，所以老子非常推崇婴儿。第三个问题："涤除玄鉴，能无疵乎？"鉴，就是镜子。中国古代没有玻璃做的镜子，只有两种，一种是用铜做的镜，即铜镜，所以当年唐太宗在魏征死后感叹："以铜为鉴，可正衣冠；以古为鉴，可知兴替；以人为鉴，可明得失。"（《新唐书·魏征》）另一种是普通民众买不起铜镜，就用一个盆子装水作镜子用。玄鉴，就是玄妙的镜子，实际上指的是人的心。人心也是一面镜子，能明辨万物。对这样的一面玄镜，怎么去经常打扫，不让它染上尘埃呢？第四个问题："爱民治国，能无为乎？"爱护民众治理国家，能够做到无为吗？这是在强调"无为"的重要。第五个问题："天门开阖，能为雌乎？"面对天门的开合，能宁静对待吗？"为雌"就是"为静"，后面的第六十一章说："牝常以静胜牡"，所以雌、牝的特性就是"静"，并且能"以静胜牡"、胜雄。第六个问题："明白四达，能无知乎？"明白事理、通达四方，能不用智巧吗？道家是提倡大知而反对小知的，大知就是"道"，小知就是小聪明，老子特别反对"以智治国"，后面的第六十五章强调："以知治国，国之贼；不以知治国，国之福。"

综合上述六个问题，可以看出，老子所强调的就是不管是治国还是修身，都应遵循"道"，按"无为"、谦下、柔弱的原则对待。

第十一章

通行本

三十辐共一毂，当其无，有车之用。埏埴以为器，当其无，有器之用。凿户牖以为室，当其无，有室之用。故有之以为利，无之以为用。

订正本

三十辐共一毂(gǔ)，当其无，有车之用。埏埴(shān zhí)以为器，当其无，有器之用。凿户牖(yǒu，窗户)以为室，当其无，有室之用。故有之以为利，无之以为用。

试译

三十根辐条集中在一个轮毂上，正因为毂中有了空虚的地方，才有车的功用。揉搓陶土制作器皿，正因为器中有了空虚的地方，才有器皿的功用。开凿门窗建造房屋，正因为房屋中有了空虚的地方，才有房屋的功用。"有"提供了便利，"无"发挥了作用。

解析

这一章的文本没有订正，和通行本一致。

这一章是比较有意思的一章，值得好好体会。其写作手法是"比"，即列举几件事情，然后从中归纳总结出一个道理。本章共列举了三件事情。第一件事情是做车子："三十辐共一毂，当其无，有车之用。""毂"，指车轮中间用以插车轴的部分，一般称为"轮毂"。这句话的意思是说：三十根辐条集中在一个轮毂上，正因为毂中有了空虚的地方，才有车的功用。第二件事情是做陶器："埏埴以为器，当其无，有器之用。""埏埴"，是揉搓陶土以制作陶器。这句话的意思是说：揉搓陶土制作陶器，正因为器中有了空虚的地方，才有器皿的功用。第三件事情是盖房子："凿户牖以为室，当其无，有室之用。"这句话的意思是说：开凿门窗建造房屋，正因为房屋中有了空虚的地方，才有房屋的功用。列举了这三件事情后，老子从中归纳总结出一个共同的道理："故有之以为利，无之以为用"。"有"提供了便利，"无"发挥了作用。我们分别体会一下这个道理。第一件事情讲的是做车子，车子最关键的部件是轮子。轮子的发明在人类的发明史上是除了火之外第二个最伟大的发明，它极大地提高了人类的生产力。做轮子，最重要的一步是将三十根辐条（"三十"与一个月有三十天相符）固定在中间的轮毂上，然后将轮毂套在车轴上。在这一过程中，需要掌握好轮毂和车轴之间的空间。这个空间不能太大，也不能太小。老子用这样一个事实说明：车子发挥作用除了要有看得见的辐条、轮毂等部件外，还要有看不见的空间。他认为：正是因为有了这些空间的存在，才能够发挥车子的作用。这一点确实是一般人没有看到的。第二件事情讲的是做陶器。陶器也是人类很重要的一个发明。做陶器要搓揉陶土，然后在转盘上加工。在将陶土做器皿时必须要给它留下一定的空间。比如，要做一个杯子，中间一定是空的，以便盛水。这也说明了一个同样的道理：正是因为有了这些空间的存在，才能够发挥器皿的作用。第三件事情讲的是盖房子。盖房子必须开门留窗。户是单扇的门，我们现在所说的门（繁体字为"門"）是双扇门，是由两个"户"组成的，所以中国有一个成语"门当户对"，是说找对象必须两家的地位相当，你家住的是只有一扇门的房子，就找同样是住一扇门的房子的子女。"牖"是窗户，盖房子必须有门有窗，还有里面的空间，这样才能发挥房子的作用。这三件事情说明的是一个共同的道理，就是"有之以为利，无之以为用"："有"提供了便利，"无"发挥了作用。比如，车子是"有"，我们看得见，它让我们出行很方便,但是一般人没有想到,真正发挥作用的是"无",车子如果没有轮毂中间的空间,就无法转动。所以,老子对"无"给予了更多的强调、更多的重视。实际上,强调的还是"道",因为"道"的最重要特性就是"有"和"无"的辩证统一。这在第一章已经明确地阐述过了,只是需要我们认真地体会,并在实践中予以落实。此处的"有"可以理解为一个东西的"实体","无"可以理解为这个东西的"功能"。比如,一个房子的价值应是"实体"和"功能"的统一,不能只看到"实体"的这一面,更应该看到"功能"的这一面:只有有人居住,才是其真正的价值体现。

顺便指出,有人说老子哲学就是"无"的哲学,如晋朝的王弼注《老子》的时候就特别看重"无",所以后人称为"贵无论",后来裴頠有不同的看法,提出"崇有论"。实际上,"有"和"无"是缺一不可的,二者不可偏执。

此外,学建筑的人对这一章特别感兴趣,因为有一个典故。当年梁思成去美国学建筑,他的导师 Wright 是美国当时最著名的一个建筑大师,"田园学派"的领袖人物,代表作品有"流水别墅"等。有一次梁思成和他讲到中国的《道德经》,他对这一章很感兴趣,就请梁思成将这段话写下来,挂在他的工作室里。后来,几乎中国所有搞建筑的人都非常重视这段话,几乎所有的建筑机构都将这段话写下来并悬挂在醒目的位置。为什么呢?因为建筑的本质就是一门如何处理空间的艺术,是一门处理"有"和"无"关系的学问。有人形容建筑是凝固的音乐,因为音乐也必须处理好"有声"和"无声"的关系。

第十二章

通行本

> 五色令人目盲,五音令人耳聾,五味令人口爽,馳騁畋獵令人心發狂,難得之貨令人行妨。是以聖人為腹不為目,故去彼取此。

订正本

五色令人目盲;五音令人耳聋;五味令人口爽;驰骋畋(tián,打猎)猎令人心发狂;难得之货令人行妨。是以圣人为腹不为目,故去彼取此。

试译

五色使人眼花缭乱;五音使人听觉不敏;五味使人口味败坏;驰骋在田野上打猎,使人的心思狂荡;难得到的贵重物品,使人的行为受到妨碍。所以圣人只求实在的,不要虚华的,因而舍弃后者选取前者。

解析

这一章的文本没有订正,和通行本一致。

这一章采用的写作手法也是"比",先列举五个现象,然后归纳总结出一个道理。第一个现象是"五色令人目盲"。"五色"一方面可以指具体的五种颜色,如古代常说的"黄、青、赤、白、黑",另一方面也可以指颜色太多了,会让人眼花缭乱。第二个现象是"五音令人耳聋"。同样,"五音"可以是指具体的五种声音,如古代常说的"宫、商、角、徵(zhǐ)、羽",另一方面,也可以指声音太多了,太嘈杂了,会让耳朵聋掉。第三个现象是"五味令人口爽"。"爽"字在此处的意思是"败坏、失去",如同"爽约"是说"失约"。同样,"五味"一方面可以是指具体的五种味道,如古代常说的"甜、酸、苦、辣、咸",另一方面也可以是指味道太多了、太强烈了,会让人的口味败坏,味蕾麻木,最后就尝不到食材的丰富味道了。如四川人喜欢吃麻的和辣的,时间一长,就对清淡的东西尝不出味道。实际上,一个真正的美食家通常不主张放过多的调料,比如,一条新鲜的鱼,最好的做法是清蒸,而不是红烧,更不能做成麻辣的,这样才能尝出鱼本身的美味。第四个现象是"驰骋畋猎令人心发狂"。如果你骑着马拼命地奔跑打猎,你的心就会发狂。第五个现象是"难得之货令人行妨"。看到一些难得的贵重东西,会让人的行为受到妨碍,让人忘记本应该追求的目标,而被它吸引住,走到别的方向去了。这句话很形象,现实中很多人的人生其实都是这句话的写照,本来人生追求的应该是幸福,是真善美,可是很多人追求的是名利,是赚钱,是当官,最后忘记了人生真正的目标。接下来,归纳总结出的道理就是:"是以圣人为腹不为目,故去彼取此。"所以圣人只求实在的,不要虚华的,因而舍弃后者选取前者。意思是,不要去追求外在的东西、表面的东西,而应去追求内在的、实质的东西。这个思想和第三章中的"虚其心,实其腹,弱其志,强其骨"是一致的。

第十三章

通行本

> 寵辱若驚,貴大患若身。何謂寵辱若驚?寵為下,得之若驚,失之若驚,是謂寵辱若驚。何謂貴大患若身?吾所以有大患者,為吾有身,及吾無身,吾有何患?故貴以身為天下,若可寄天下;愛以身為天下,若可託天下。

订正本

宠辱若惊,贵大患若身。何谓宠辱若惊?宠为上,辱为下,得之若惊,失之若惊,是谓宠辱若惊。何谓贵大患若身?吾所以有大患者,为吾有身,及吾无身,吾有何患?故贵以身为天下,若可寄天下;爱以身为天下,若可托天下。

试译

(人们)受宠遇辱如同受到惊吓,把大灾患像生命一样看重。什么叫"宠辱若惊"?虽然宠幸为上抬,屈辱为下压,但得到它们都为之惊吓,失去它们都为之惊吓,这就叫"宠辱若惊"。什么叫"贵大患若身"?我之所以有大灾患的感觉,是因为我有身体。如果我没有身体,还会有什么忧患呢?所以只有将身体生命看作天下最宝贵的人,才可将天下寄予给他;只有将身体生命看作天下最珍爱的人,才可将天下托付给他。

解析

这一章在文本上有一点和通行本不同:通行本的第四句是"宠

为下,得之若惊,失之若惊",据陈景元、李道纯本,改为"宠为上,辱为下,得之若惊,失之若惊"。

　　这也是很有意思的一章,但是理解起来有一定的难度。这一章的写作手法类似于"兴",首先给出一个很震撼的成语:"宠辱若惊",但多了一句:"贵大患若身"。它把两个事情一起讲,但印象最深的还是第一个。接下来解释:"何谓宠辱若惊?"就是"宠为上,辱为下,得之若惊,失之若惊,是谓宠辱若惊"。这就很完整地解释了什么叫宠辱若惊。宠和辱,看起来是绝对相反的,一般说"受宠若惊",但实际上,受辱带来的惊慌比受宠更大。比如,你本来是一个很平常的人,生活得很平静,突然把你提升为很大的官,你会感到受宠若惊,这是一种惊吓;如果后来又莫名其妙地将你的官罢掉,你这时又会再一次受到惊吓,这就叫"得之若惊,失之若惊"。同样,你本来生活得很平静,如果有一天突然把你抓到牢里,说你犯了杀人罪,你受到的惊吓肯定更大;如果后来又给你平反,你就会再一次受到惊吓。总之,这两者都给人带来惊吓,所以统称为"宠辱若惊"。但是我们总觉得宠是好的,辱是不好的,所以称"宠为上,辱为下"。但这两者一个是抬上,一个是压下,都不是你真实情况所应该得到的,所以造成的结果是"得之若惊,失之若惊"。接下来就要解释:"何谓贵大患若身?"什么叫"贵大患若身"？这五个字本身很难理解,因为它是一个倒装句,就是把大患看得好像人的身体和生命一样贵重。于是下面解释如何理解这样的现象。它实际上是说上述"宠辱若惊"中的"辱","辱"就代表大的灾难、患难。接下来,对为什么人在遇到灾患时会把它看作身体和生命一样那么贵重做了阐述。因为人碰到大患时那种感觉好像天都塌了,天都塌了,你的生命就无所谓了,所以就把它看作比人的生命还贵重。对这种感觉,老子指出,这是不正确的。他怎么解释呢?"吾所以有大患者,为吾有身,及吾无身,吾有何患?"这是反问,让你自己思考,然后得出应该有的结论。他怎么反问呢? 他说,我们之所以感到这是一个大的灾患,是因为我们人有身体、有生命,设想一下,人如果没有身体、没有生命,那还有什么灾患可言呢?这么一问,就让你一下子知道了到底哪一个重要,肯定是人的身体、生命最重要,再大的灾患跟人的生命相比总是第二位的。这就说明,"贵大患若身"的感觉是不应该的、不成立的。于是就得出了下面这个非常重要的结论:"故贵以身为天下,若可寄天下;爱以身为天下,若可托天下。"这两句也是比较难理解的。同样也是倒装句,说的是:所以能够把人的身体生命看作为天下最宝贵的人,才可以把天下寄予给他;能够把人的身体生命看作天下最珍爱的人,才可以把天下托付给他。这两句话可以合并成一句就是:只有把人的生命作为天下最贵重、最值得珍爱的人,才可以把天下寄托给他。强调的是:作为一个君主,最重要的品质是要珍惜生命,这个生命不是指他自己的生命,指的是广大民众的生命。因为人的生命是世界上最宝贵的东西,所以当你有了权力以后,一定要慎重地对待手中的权力,绝对不能草菅人命。如果随意对待民众的生命,那这样的君主绝对不是一个好君主。那些暴君不用说了,即使对那些所谓的伟人也要进行反思。比如中国历史上的秦皇、汉武,确实建立了伟大的功勋,但是是以多少人的生命为代价换来的?设想一下,如果你自己生活在那个时代,你的感受会是什么?秦始皇为了统一中国,打了19年的仗,死了多少人?汉武帝打了30年的仗,死了多少人?汉武帝晚年下"轮台罪己诏",反思这30年的战争给民众带来的痛苦。这个例子从反面印证了老子的这个观点。所以,当权者不能不对民众的生命抱有一种敬畏之心。另外,现在有一种现象,年轻人有时太不珍惜自己的生命,动不动就轻生。几年前,笔者去一个学校做讲座,学校的校长说他们学校的一个学生自杀了,原因竟然是牙痛,痛得实在无法忍受,就跳楼了,这就太不珍爱生命了。

  为了帮助大家理解道家重视生命的思想,介绍《庄子·让王》中的一段话:"道之真,以持身。其绪余,以为国家;其土苴(chá),以治天下。由此观之,帝王之功,圣人之余事也,非所以完身养生之道也。今世俗之君子,危身弃生以殉物,彼且奚以此之也? 彼且奚以此为也?"在道家看来,道的真谛、道的根本,是要用来持身、修身、爱身、养身,要认识到人的生命是第一宝贵的,所谓的治国平天下只是他业余有兴趣时去做的事情,不应把它们摆在第一位。这个主张跟儒家很不一样。儒家的经典《大学》主张:格物、致知、正心、诚意、修身、齐家、治国、平天下,这是儒家的最高理想。这样一条人生路线激励历史上多少人度过了自己的一生。可是回头看一看,也有很多人为这一条路所误,不顾及生命,甚至危害到自己的生命。而且很多人往往只是为了这个目标所带来的权利、金钱、地位等,走向了反面。所以任何事情都不要绝对化,不要过于重视外在的东西,要更加看重内在的生命,这是一种"内外之辩"的思维方式,道家的这种思想可以起到一种矫正作用,让我们从另一个角度去看问题。

笔者这里再介绍王阳明的弟子王艮在他的《明哲保身论》中所说的一段话,以帮助我们更好地理解这一章,分析为什么知道了生命的宝贵就能够保住国家、保住天下。他说:"(知道者必贵身,)知贵身则必爱身,能爱身则不敢不爱人,能爱人则人必爱我。故一家爱我,则吾身保,吾身保然后能保一家;一国爱我,则吾身保,吾身保然后能保一国;天下爱我,则吾身保,吾身保然后能保天下。"

第十四章

通行本

> 視之不見名曰夷,聽之不聞名曰希,搏之不得名曰微。此三者,不可致詰,故混而為一。其上不皎,其下不昧。繩繩不可名,復歸於無物。是謂無狀之狀,無物之象,是謂惚恍。迎之不見其首,隨之不見其後。執古之道,以禦今之有。能知古始,是謂道紀。

订正本

视之不见名曰微,听之不闻名曰希,搏之不得名曰夷。此三者,不可致诘,故混而为一。其上不皎,其下不昧,绳绳(mǐn mǐn,绵延不绝)不可名,复归于无物。是谓无状之状,无物之象,是谓恍惚。迎之不见其首,随之不见其后。执今之道,以御今之有,能知古始,是谓道纪。

试译

看它看不见称为"微",听它听不到称为"希",抓它抓不着称为"夷"。这三种特性无法分清,所以将它们混成一体。它以前的情况不清楚,它以后的情况不昏暗,绵延不绝难以名状,终究要回复到无物的境界。这就称为"无状之状"(没有形状的形状),"无物之象"(没有物体的形象),就叫作"恍惚"。迎着它看不见它的头,随着它看不见它的尾。掌握今天的"道",以驾御今天的"有",能认识远古的原始,这就是"道"的统领作用。

解析

这一章在文本上和通行本比较相似,只是据帛书本,将第一句中的"夷"和第三句中的"微"进行了对调。同时,将"执古之道"改为"执今之道"。

这一章描写的就是"道",采用的写作手法是"赋",即平铺直叙地进行描述。"道"有三个特点:"视之不见名曰微,听之不闻名曰希,搏之不得名曰夷。"视之不见、听之不闻、搏之不得,分别用三个字:微、希、夷表示。"微"代表无形,"希"代表无声,"夷"代表无物。"此三者,不可致诘,故混而为一。"这三个特点结合在一起,就是"道"。在中国历史上有一个很著名的人,北宋时的陈抟老祖,一个著名的道家学者,宋太宗赵光义赐其号就是"希夷先生",据说太极图就是他发明的。接下来,进一步对"道"加以描述:"其上不皦,其下不昧,绳绳不可名,复归于无物。是谓无状之状,无物之象,是谓恍惚。"是说:道这个东西啊,在它之前的情况不是很清楚,但在它之后的情况就很清楚了,不会很暗。它无边无际,无法描述,但终究要回复到无物的境界。所以将它称为"无状之状"(没有形状的形状),"无物之象"(没有物体的形象),就叫作"惚恍",恍恍惚惚。它的特性是:"迎之不见其首,随之不见其后。"迎着它看不见它的头,随着它看不见它的尾。这就是对"道"的描述,总归是一个很玄的东西。最后,强调了它的重要性、它的作用:"执今之道,以御今之有,能知古始,是谓道纪。"掌握了今天的"道",就可以驾御今天的"有",能认识远古的原始,这就是"道"的作用。其中的"纪",《说文》曰:"纪,别丝也。"段玉裁注曰:"别丝者:一丝必有其首,别之是为纪。众丝皆得其首是为统。统与纪义互相足也。"故将"纪"理解为"统领作用"。这几句话非常重要,说明"道"虽然永恒地存在,但随时变化,必须要把握今天的"道",才能驾驭今天的现实,而且还可以看出"道"的发展轨迹,以体现"道"的统领作用。由此可见,董仲舒的"天不变,道亦不变"的观点是不符合老子原意的。

第十五章

通行本

古之善為士者，微妙玄通，深不可識。夫唯不可識，故強為之容：豫兮，若冬涉川，猶兮，若畏四鄰，儼兮，其若客，渙兮，若冰之將釋，敦兮，其若樸，曠兮，其若谷，渾兮，其若濁。孰能濁以靜之徐清？孰能安以久動之徐生？保此道者不欲盈，夫唯不盈，故能蔽不新成。

订正本

　　古之善为道者，微妙玄通，深不可识。夫唯不可识，故强为之容：豫兮，若冬涉川；犹（谋）兮，若畏四邻；俨兮，其若客；涣兮，若冰之将释；敦兮，其若朴；旷兮，其若谷；澹（dàn，广阔）兮，其若海；飂（liù，长风的声音）兮，若无止。混兮，其若浊。孰能浊以止？静之徐清。孰能安以久？动之徐生。保此道者不欲盈。夫唯不盈，故能蔽而新成。

试译

　　古代善于行"道"的人，幽微精妙、玄奥通达，深远得无法识别。正因为无法识别，所以只好勉强将它予以形容：犹豫啊，像冬天踩冰过河；谋划啊，像害怕四邻进攻；严肃啊，像去做客；涣散啊，像冰块即将融化；敦厚啊，像未经雕凿的原木；空旷啊，像深渺的幽谷；辽阔啊，像无边的大海；迅疾啊，像无止的长风。（这个世界）混然啊，像江河的浊流。怎样才能让它停止混浊？静下来就会慢慢变清。怎样才能让它长久安定？动起来就会慢慢新生。保有此道的人不敢过分。只有不过分，才能在衰弊中获得新生。

解析

这一章的订正有如下几处：第一句通行本为"古之善为士者"，唐朝傅奕本为"古之善为道者"，根据文意，以傅本为宜；另文本中有两句："澹兮，其若海；飂兮，若无止"是从第二十章移入的，因为这两句在第二十章中与上下文不协调，而放在此处却非常合适；最后一句，将"蔽不新成"改为"蔽而新成"；此外，后面部分采用了任继愈先生的句读结果。

这一章是对"善为道者"所作的描述，采用的写作手法是"赋"，平铺直叙地进行描述。首先强调"古之善为道者"的特征是："微妙玄通，深不可识。"幽微精妙，玄奥通达，深远得无法识别。于是，"夫唯不可识，故强为之容。"正因为无法识别，所以只好勉强将它予以形容。下面就用一系列的排比句对"善为道者"进行了形容："豫兮，若冬涉川；犹兮，若畏四邻；俨兮，其若客；涣兮，若冰之将释；敦兮，其若朴；旷兮，其若谷；澹兮，其若海；飂兮，若无止。"犹豫啊，像冬天踩冰过河；谋划啊，像害怕四邻进攻；严肃啊，像去做客；涣散啊，像冰块即将融化；敦厚啊，像未经雕凿的原木；空旷啊，像深渺的幽谷；辽阔啊，像无边的大海；迅疾啊，像无止的长风。接下来，对当时的世界作了形容，并提出了一个问题："混兮，其若浊。孰能浊以止？静之徐清。孰能安以久？动之徐生。"这个世界混然啊，像江河的浊流。怎样才能让它停止混浊？静下来就会慢慢变清。怎样才能让它长久安定？动起来就会慢慢新生。最后，给出了答案："保此道者不欲盈。"保有此道的人不敢过分，即做任何事情都不能过分：混浊的要静下来慢慢变清；但又不能一直静下去，还要动起来慢慢得到新生。同时再次强调："夫唯不盈，故能蔽而新成。"只有不过分、不极端，才能在衰弊中获得新生。"不盈"正是"道"的重要特性，也是"善为道者"必须遵循的重要原则。

《淮南子·道应训》中记载了一个故事:"孔子观桓公之庙,有器焉,谓之宥卮(yòu zhī)。孔子曰:'善哉!予得见此器。'顾曰:'弟子取水!'水至,灌之,其中则正,其盈则覆。孔子造然革容曰:'善哉持盈者乎!'子贡在侧曰:'请问持盈。'曰:'益而损之。'曰:'何谓益而损之?'曰:'夫物盛而衰,乐极则悲,日中而移,月盈而亏。是故聪明睿智,守之以愚;多闻博辩,守之以陋;武力毅勇,守之以畏;富贵广大,守之以俭;德施天下,守之以让。此五者,先王所以守天下而弗失也。反此五者,未尝不危也。'故老子曰:'服此道者不欲盈。夫唯不盈,故能弊而新成。'"说孔子到桓公之庙里看到宥器,它有个特点:平常情况它是斜着的,如果装了水就垂直了,水太多了又翻倒了。以此说明,事情都是物盛而衰,乐极则悲,日中而移,月盈而亏。印证老子的话:"保此道者不欲盈。夫唯不盈,故能蔽而新成。"宥器常被古人放在书桌的右上角,当作座右铭用,以提醒自己要"不盈"。

第十六章

通行本

> 致虛極,守靜篤。萬物並作,吾以觀複。夫物芸芸,各複歸其根。歸根曰靜,是曰覆命。覆命曰常,知常曰明。不知常,妄作凶。知常容,容乃公,公乃王,王乃天,天乃道,道乃久,沒身不殆。

订正本

　　致虚极,守静笃。万物并作,吾以观其复。夫物芸芸,各复归其根。归根曰静,静曰复命,复命曰常,知常曰明。不知常,妄作,凶。知常容,容乃公;公乃全,全乃天;天乃道,道乃久,没身不殆。

试译

　　达到虚空的极致,持守宁静的坚实。万物都在同时生长,我观察到它们的循环往复。万物虽然众多纷纭,但都要复归到它们的本根。归根就"静","静"就会"回复到本命","回复到本命"是一个"永恒的规律",认识"规律"称为"明"。不认识"规律",轻举妄动,必然凶险。认识"规律",才能包容,包容就能公允;公允就能全面周到,全面周到就符合天然;符合天然就是符合"道",符合"道"就能长久,终身都不会有危险。

解析

　　这一章的文本订正有两处:第一处是在第二句中加了"其"字。第二处是后半部中的"公乃全,全乃天",通行本为"公乃王,王乃天","王"订正为"全",于文意为宜。

这一章可以看成是第十五章的延续，继续具体阐述"善为道者"做事应遵循的态度和原则，写作手法类似于"比"。一开始就提出："致虚极，守静笃。"实际上就是"虚极静笃"，给你一个很鲜明的印象。强调"善为道者"做事首先心态要做到虚、做到静，而且不是一般的虚、一般的静，是要做到虚到极点、静到实实在在，因为只有这样才能看清这个世界。那么，做到"虚极静笃"以后，会看到一个什么样的世界呢？"万物并作，吾以观其复。"天底下的万物同时在生长运作，但是我已经看出它们是循环往复的。此处的"观复"让笔者想到北京一个很著名的收藏家马未都，他是中国改革开放后第一个建立私人博物馆的人，博物馆的名字就叫"观复博物馆"。这是一种借用，意思是说博物馆里的东西很多，需要看了再看，反复地观看。那万物循环往复指的是什么："夫物芸芸，各复归其根。"万物虽然众多纷纭，但都要复归到它们的本根。万物为什么一定要回归到自己的本根呢？因为只有归根之后它才能静下来，否则它就始终处于漂泊的状态。静了之后就"回复到本命"，"回复到本命"是"常"（"常"指"永恒的规律"），认识"永恒的规律"称为"明"，这就是"归根曰静，静曰复命，复命曰常，知常曰明"，句中的前两个"曰"是"则"的意思。接下来指出："不知常，妄作，凶。"不认识"规律"，轻举妄动，必然凶险。所以，正确的做法就是："知常容，容乃公；公乃全，全乃天；天乃道，道乃久，没身不殆"。此处的"容"可以有多种理解，如从容、宽容、包容。这一段话的意思是：认识"规律"，才能从容、宽容、包容，从容、宽容、包容就能公允；公允就能全面周到，全面周到就符合天然；符合天然就是符合"道"，符合"道"就能长久，终身都不会有危险。

　　《吕氏春秋·贵公》里有这样一个故事："荆人有遗弓者，而不肯索，曰：'荆人遗之，荆人得之，又何索焉？'孔子闻之曰：'去其荆而可矣。'老聃闻之曰：'去其人可矣。'故老聃则至公矣。"是说湖北荆州有一个人，去打猎把弓丢了。一般人如果丢了比较贵重的弓，肯定很着急，要去找，但这个人的表现是不肯去找，所以有人就感到奇怪了,问他:"你为什么不去找啊?"他回答说:"我是一个荆人,丢了一张弓,可能另外一个荆人得到它,他也可以拿着去打猎,所以不用找了。"可见这个人的心胸很宽广。这件事情传到孔子耳朵里,孔子首先说要肯定这个人还是不错的,但是觉得还不够,所以提出,可以将"荆"字去掉,意思是,荆人丢了弓,一定要另外一个荆人捡到才行吗?如果是别的国家的人捡到,不是也照样可以拿去打猎吗?这样不是心胸更加宽广吗?后来这件事情又传到老子的耳朵里,老子又提了一条意见:将"人"字去掉不是更好吗?意思是,弓箭丢了不一定非要有人捡到它,没有人捡到,它还是存在于这个世界,物质不灭啊。可见,老子的心胸最宽广。所以说,老聃做到了"至公"。

第十七章

通行本

> 太上，下知有之。其次，親而譽之。其次，畏之。其次，侮之。信不足焉，有不信焉。悠兮其貴言，功成事遂，百姓皆謂我自然。

订正本

太上，下知有之；其次，亲而誉之；其次，畏之；其次，侮之。信不足焉，有不信焉。悠兮其贵言。功成事遂，百姓皆谓"我自然"。

试译

最好的领导者，民众仅仅知道他的存在；次一等的领导者，民众亲近他、赞誉他；再次一等的领导者，民众害怕他；最次的领导者，民众看不起他。领导者的信任度不够，才有民众的不信任。最好的领导者是那样的悠然啊，很少发号施令。功业成就了，事情做好了，老百姓都说："这是我们自自然然做的"。

解析

这一章的文本没有订正，和通行本一致。

这是很有意思的一章，特别符合现实。我国现在正在整治贪污腐败，笔者认为，如果把《道德经》里比较有意义的一些章节编成一个读本，对官员进行教育，是很有意义的。老子在这一章里先把官员做了分类和对比，然后分析官员的现状，指出好的官员应该怎样为官。我们先读第一部分："太上，下知有之；其次，亲而誉之；其次，畏之；其次，侮之。"如果仅仅看字面，恐怕不一定马上能想到是讲做官,这需要我们仔细地去体会。首先它论述的是:"太上,下知有之",什么意思呢?"上"在中国人的观念中指的就是当官的,"下"就是老百姓。"太上"就是指的最好的当官者。最好的官员是一种什么样的表现呢?叫"下知有之"(另外一种版本叫"不只有之"),指下面老百姓仅仅知道有这么一个官,甚至不知道有这么一个官,这才是最好的官员。次一等的叫"亲而誉之"。次一等的是老百姓亲近他,说他好。再其次的就是"畏之",怕他。更下一等的是"侮之",看不起他,甚至还会编出各种黑色幽默来取笑这些官员,这一类的黑色幽默在中国老百姓口中是最多的,常作为茶余饭后的谈资。这段文字把官员分为四等。后面的两等表达了老百姓对官员的不满:最下等的不用说了,根本就看不起;"畏之"也容易理解,很多当官的一出来威风凛凛,特别是一些乡村干部,老百姓很讨厌他们,当然也怕他们搜刮民财,所以就把门关上或是跑走了,这就叫"畏之"。第二种"亲而誉之",看起来很好,是好官吧,但又有另外一种意味在其中。很多人当官就是为了让老百姓说好,搞形象工程,然后给自己树碑立传,所以我们经常看到很多这样的宣传:这个官员这一年给老百姓做了多少好事,以便让老百姓说他是好官。这种官员的动机本身就有问题,所以这样的官员在老子眼中还不是最好的官员。老子最推崇的是第一类官员:"太上,下知有之"。为什么老子认为这种官员是最好的官员呢?这就需要我们认真思考"官"的含义和作用。我们现在也把"做官"称之为"管理",因为在中国文化中,官员手中有权利,这个权利就是用来管人的,主要强调的是"管"。但是在西方,管理叫"manage",含义是既要管又要理。首先要想方设法理顺关系,然后要知人善任。最理想的官员是把关系理顺了,同时又知人善任,每一件事情都有人管,每一个人都能把这个事情管好。所以西方的管理学认为:最高明的管理是不需要人管的管理,这和老子这句话是高度吻合的。真正高明的官员,把所有关系理顺以后用不着天天抛头露面,天天出来做重要讲话,天天忙得不亦乐乎,这不是一个正常的现象。从

这个角度来理解这句话,就能体会它的内涵。接下来,老子强调,当官最重要的是要得到老百姓的信任。但是,现实的情况是,老百姓不太信任做官的,叫"信不足焉,有不信焉"。当官的行为不值得老百姓信任,所以老百姓才不信任他们。最后,从正面阐述应该怎么做:"悠兮其贵言"。这五个字值得认真体会。真正会当官的一定是很悠闲的,一定不是成天忙忙碌碌的,因为关系理顺了,又有最合适的人各负其责。特别还要做到"贵言"。前面已多次强调,"言"在《道德经》里大多情况下要理解为发号施令,而不是讲话。"贵言"就是不要随意地用手中的权利去发号施令、指挥别人。做事情时按规律去做,按规矩去做,什么时候该做什么事,怎么去做,清清楚楚,自自然然,就把事情做好了。这就是"为无为":按照无为的方法去为。而且事情做成了之后,不要把这功劳归到自己头上,要把功劳归于老百姓,"百姓皆谓'我自然'",这个事情都是"我们"自己自自然然做的,这才是最高明的为官之道和领导艺术。所以笔者觉得这一章如果发给官员看,对改进中国的官场作风一定会有很大的好处。

第十八章

通行本

> 大道廢,有仁義;智慧出,有大偽;六親不和,有孝慈;國家昏亂,有忠臣。

订正本

大道废,有仁义;慧智出,有大伪;六亲不和,有孝慈;国家昏乱,有忠臣。

试译

大道被废弃,才有了仁义;智慧出现,就有了严重的虚伪;家庭出现不和,才有了孝慈;国家出现昏乱,才有了忠臣。

解析

这一章的文本没有订正,和通行本一致。其写作手法是"赋",平铺直叙地阐述一些道理。

这一章充分展示了老子的辩证法,非常简明,但里面的思维很深刻。第一句:"大道废,有仁义",就给人一种巨大的冲击。因为儒家大力提倡仁义,但是在老子看来,仁义和大道相比,是属于第二位的,而不像儒家那样,把仁义推崇为最高的伦理准则。为什么呢?老子认为,只有在大道废了以后才有仁义的出现。如果天下都按照大道去做,就无所谓仁、无所谓义。第五章说过"天地不仁",说过"圣人不仁",那才是真正的大仁,就是因为他们按照"道"去做事,所以一切都显得那样和谐自然。只有大道荒废了,人们才被迫不得已，退而求其次，像儒家主张的那样，用仁义来治理国家。

第二句："慧智出，有大伪"，讲的是，如果一个社会大力提倡智慧、推崇智慧，智慧出现之后，就会产生很严重的后果：有很多的虚伪现象出现。如前几年上海交通大学的一位教授，拿了国家很多钱，研究一种专用芯片，后来发现是用美国一个小公司的东西冒充自己的成果。这种事情在学术界比较普遍，真需要我们好好反思。

后面两句更深刻："六亲不和，有孝慈。"当我们宣传某个家庭里面的子女怎么孝顺、父母怎么慈爱的时候，看起来这个家庭很好、很和睦，但是实际上这个家庭已经六亲不和了。怎么理解呢？因为如果一个家庭真正和睦，那么所有的子女都应该是孝子，所有的长辈都应该是慈爱的，这是自然的，子女就应该孝敬长辈，长辈就应该慈爱。如果特别说某一个儿子很孝顺，意味着什么？意味着其他的子女就不太孝顺了；如果特别说某一个长辈很慈爱，就说明其他的长辈不太慈爱了，所以说明，这个家庭已经出现六亲不和的情况了。"六亲"按儒家的说法，指的是父子、兄弟、夫妇。道家看问题跟一般人看问题不一样，道家能够看到事情的本质，这就是运用辩证法看问题的结果。同样，"国家昏乱，有忠臣"，当我们说哪一个大臣是忠臣的时候，说明这个国家出了问题，已经到了昏乱的地步。正常情况下，所有的臣子都应该是忠臣，而如果我们只说某某是忠臣的时候，就说明其他的臣子都不是忠臣，可能还有一部分是奸臣，说明这个国家已经混乱到很严重的地步了。

如果运用这样的辩证思维看待当前社会上的许多现象，就会看出一些问题。一个社会，当它特别大力提倡某个东西的时候，不是说这个方面已经很好了，而是恰恰相反，说明现实中存在很大问题。比如，每年我们都要评出一些道德模范加以表彰，这能说明我们这个社会是一个非常讲道德的社会吗？其实，恰恰说明我们社会的道德水平已经很低下了，道德问题很严重了。当然，这里不是反对提倡道德，提倡正气，只是说，我们应该看到问题的另外一面。总之，这一章确实能够让我们从另外一个角度去看问题，这是老子的伟大之处，也是他的辩证法的智慧之所在。

第十九章

通行本

> 絕聖棄智,民利百倍;絕仁棄義,民複孝慈;絕巧棄利,盜賊無有。此三者以為文不足,故令有所屬:見素抱樸,少私寡欲。

订正本

绝知弃辩,民利百倍;绝伪弃诈,民复孝慈;绝巧弃利,盗贼无有。此三者,以为文则不足,故令有所属:见素抱朴,少私寡欲,绝学无忧。

试译

抛弃智巧和狡辩,民众有百倍的好处;抛弃虚伪和欺诈,民众就会回复到孝慈;抛弃机巧和利益,盗贼就会绝迹。这三者,光说说是不够的,所以还要有所依属:外表要单纯,内心要朴素;私心要减少,欲望要降低;学问要做通,就能去除忧虑。

解析

这一章在文本上有一些问题,也引起了一些争论。通行本为:"绝圣弃智,民利百倍;绝仁弃义,民复孝慈;绝巧弃利,盗贼无有。"但是1993年湖北郭店出土的竹简本为:"绝知弃辩,民利百倍;绝伪弃诈,民复孝慈;绝巧弃利,盗贼无有。"笔者赞同郭店竹简本,因为用"绝圣弃智"会产生一个矛盾,《道德经》里很多地方都是把圣人作为一个正面形象加以阐述的,如第二章的"是以圣人处无为之事,行不言之教"。如果这里提"绝圣弃智",弃智还可以理解,因为老子是反对"智"这种小聪明的,但是"绝圣"就矛盾了。所以笔者认为用"绝知弃辩"比较合适,因为"弃辩"是道家一贯主张的,从老子到庄子,都非常明确,不赞同辩论。此外,最后一句"绝学无忧"在通行本中属于下一章,仔细体会,应以属于此章为宜,后面会对这样做的理由予以解释。

一开始,老子就对统治者提出了三个观点。第一个观点是:"绝知弃辩,民利百倍",抛弃智巧和狡辩,民众就会有百倍的好处。第二个观点是:"绝伪弃诈,民复孝慈",抛弃虚伪和欺诈,民众就会回复到孝慈。第三个观点是:"绝巧弃利,盗贼无有",抛弃机巧和利益,盗贼就会绝迹。接下来,进一步强调:"此三者,以为文则不足,故令有所属"。这三个观点、三个做法,仅仅把它写成文字还不够,还需要让它们有所依属,一定要有一些具体的做法让它们落实。就是下面的:"见素抱朴,少私寡欲,绝学无忧。"这三句就是讲如何具体去做、去操作。"见素抱朴"就是外表要单纯,内心要朴素,保持一个朴素的自然状态,返璞归真。这是和第一个观点相对应的:"见素抱朴"就可以做到"绝知弃辩"。"少私寡欲"就是私心要减少,欲望要降低。同样,这是和第二个观点相对应的:"少私寡欲"就可以做到"绝伪弃诈"。老子没有说绝对地无私无欲,因为对一般人来说,能做到少私寡欲就很不错了。能做到"无私无欲"的只有圣人,这是一个理想的目标,不宜用来要求所有人。最后一句话:"绝学无忧",比较难理解。从字面上看,好像是反对大家学习,不学习就没有忧愁了,但是能不能这样理解呢?我们读《道德经》很容易产生一个想法,认为老子好像赞同愚民政策,前面有些地方已经有这样的印象了,现在读到这个地方又一次让我们产生这种印象:"绝学"就是不要学习,这样就没有忧愁。中国以前也有一句俗话,说:"人生识字始糊涂",认为人自从开始会认字了以后,很多事情就糊涂了,看不清楚了,所以就有了很多的忧愁。反过来说就是,人不要认字,不要学习,什么都不懂,糊里糊涂的,就没有忧愁。越聪明好像愁的事情就越多。当年苏东坡曾有一首自嘲诗:"人人皆谓我聪明,我被聪明误一生。唯愿吾儿愚且鲁,无灾无难到公卿。"就是希望他的儿子将来很愚蠢,但是也要质朴,最后希望能无灾无难,还能做官做到公卿。笔者认为,苏东坡也是开个玩笑,天底下哪有这么好的事呢?蠢人能够无灾无难做到公卿吗?但是老子是不是提倡不要学习呢?他自己那么好学,懂得那么多,连孔子都要向他请教,他这样说不是成了一个伪君子吗?所以,笔者将这句话理解为:"做学问要做到绝顶,做到真正通了,就没有忧愁了。"这说明你把天下的事都看透了。为学有三个层次:开始不懂,然后开始学;学了一点东西之后,变成一个似懂非懂的半吊子,这种人最喜欢显示自己的学问,其实很多问题他是看不清的,所以他的忧愁很多;只有把学问做到绝顶、都看通了的人,才真正没有忧愁。因此,如果从这个角度去读这句话,就会体会到它是一种大智慧,而不是愚民。同样,这是和第三个观点相对应的:"绝学无忧"就可以做到"绝巧弃利"。笔者认为,这也可以作为将"绝学无忧"归于此章的理由。

清朝金璎《格言联璧》中有一段话:"无欲之谓圣,寡欲之谓贤,多欲之谓凡,徇欲之谓狂。人之心胸,多欲则窄,寡欲则宽;人之心境,多欲则忙,寡欲则闲;人之心术,多欲则险,寡欲则平;人之心事,多欲则忧,寡欲则乐;人之心气,多欲则馁,寡欲则刚。"这段话从"欲"的角度将人分为几等:无欲为圣,寡欲为贤,多欲为凡,徇欲为狂。所以,"少私寡欲"就是要求我们成为一个贤人。下面进一步阐述:人的心胸,多欲则窄,寡欲则宽。笔者觉得这句格言说得很在理,可供玩味。同时,也可以和明朝吕坤《呻吟语》中的一段话联系起来理解:"六合是个情世界,万物生于情,死于情。至人无情,圣人调情,君子制情,小人纵情。"同样是根据对待情的态度将人分为几等。"圣人调情"是指圣人能主动调节自己的情,"君子制情"是指君子能克制自己的情,"小人纵情"是指小人放纵自己的情,而"无情"指的是没有自己的私情,是"情顺万物而无情"。笔者认为,"情"有三个层次:情欲、情感和情操。人不应该像动物一样任意放纵自己的情欲,而应调节或克制,并逐步上升到情操的层次,上升到天人合一的层次。

第二十章

通行本

> 絕學無憂,唯之與阿,相去幾何?善之與惡,相去若何?人之所畏,不可不畏。荒兮,其未央哉!眾人熙熙,如享太牢,如春登臺。我獨泊兮,其未兆,如嬰兒之未孩;儽儽兮,若無所歸。眾人皆有餘,而我獨若遺。我愚人之心也哉!沌沌兮,俗人昭昭,我獨若昏。俗人察察,我獨悶悶。澹兮其若海,飂兮若無止。眾人皆有以,而我獨頑似鄙。我獨異於人,而貴食母。

订正本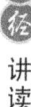

唯之与阿,相去几何?善之与恶,相去若何?人之所畏,不可不畏,荒兮,其未央哉!众人熙熙,如享太牢,如春登台。我独泊兮,其未兆,沌沌兮,如婴儿之未孩(hái,同"咳",小儿笑也);儽(lěi,颓丧)儽兮,若无所归。众人皆有余,而我独若遗(kuì,同"匮"),我愚人之心也哉!俗人昭昭,我独昏昏;俗人察察,我独闷闷。众人皆有以,我独顽且鄙。我独异于人,而贵食(shì)母。

试译

应诺与呵斥,相去有几多?善良与罪恶,相去有几多?人言可畏,不可不畏,这样荒凉的状况啊(指众人的随波逐流),还没有尽头!众人都快快乐乐,如同参加盛大的筵席,如同春日里登上高台远眺。独有我淡泊恬静,无动于衷,混混沌沌地,好像婴儿还不会笑;颓丧地,仿佛无家可归。众人都富足有余,而独有我好像非常缺失,我真是愚人的心态啊!一般人是那样清楚，独有我这么昏昏；一般人是那样精明，独有我这么愚闷。众人都有凭依，而独有我顽固而且陋鄙。独有我和众人不同，而以得道为贵重。

解析

这一章在文本上有两处调整：一是通行本中"沌沌兮"三字是在"我愚人之心也哉"之后，现调整至"如婴儿之未孩"之前，这样和"儽儽兮，若无所归"更相配；二是将"澹兮，其若海；飂兮，若无止"移至前面的第十五章。

这一章是《道德经》中比较长的一章。它的写作手法是"赋"，平铺直叙地将"求道者"作了描述，并与众人作了鲜明的对比。一开始，就提出一个问题："唯之与阿，相去几何？善之与恶，相去若何？""唯"就是唯唯诺诺、服从；"阿"就是对人呵斥、训斥。这两种态度相去几何？言外之意是相去太远了。同样地，善和恶当然相去也很远。"人之所畏，不可不畏，荒兮，其未央哉！"说的是：人言可畏，不可不畏，这样荒凉的状况啊（指众人的随波逐流），还没有到尽头！提出这样的问题和分析，是为了说明"求道者"和众人的不同。所以接下来就进行了一系列的对比："众人熙熙，如享太牢，如春登台。我独泊兮，其未兆，沌沌兮，如婴儿之未孩；儽儽兮，若无所归。众人皆有余，而我独若遗，我愚人之心也哉！俗人昭昭，我独昏昏；俗人察察，我独闷闷。众人皆有以，我独顽且鄙。"众人都快快乐乐，如同参加盛大的筵席，如同春日里登上高台远眺。只有"我"淡泊恬静，无动于衷，混混沌沌地，好像婴儿还不会笑；颓丧地，仿佛无家可归。众人都富足有余，而只有"我"好像非常缺失，"我"真是愚人的心态啊！一般人是那样清楚，只有"我"这么昏昏；一般人是那样精明，只有"我"这么愚闷。众人都有凭依，而只有"我"顽固而且陋鄙。最后总结一句："我独异于人，而贵食母。"只有"我"和众人不同，而以得道为贵重。此处的"食"字读"shí"；"母"字借指"道"。所以，"贵食母"就是说"我"把从"道"中得到养分看得最宝贵。第一章说"道"是万物的父母,婴儿要从母亲那里得到乳汁才能生长,所以就把"食母"(从母亲那里得到养分)看得最贵重。意思是说"我"最看重的是"道",所以就有了跟别人不一样的表现。

细细品味此章,能体会到"求道者"的孤独,也能感受到"求道者"的信念:虽孤独,却坚定前行。

第二十一章

通行本

> 孔德之容，惟道是從。道之為物，惟恍惟惚。惚兮恍兮，其中有象；恍兮惚兮，其中有物。窈兮冥兮，其中有精；其精甚真，其中有信。自今及古，其名不去，以閱眾甫。吾何以知眾甫之狀哉？以此。

订正本

孔德之容，惟道是从。道之为物，惟恍惟惚。惚兮恍兮，其中有象；恍兮惚兮，其中有物。窈兮冥兮，其中有情；其情甚真，其中有信。自今及古，其名不去，以阅众甫。吾何以知众甫之状哉？以此。

试译

大"德"的表现，在于它只与"道"一致。"道"这个东西，似无若有，恍恍惚惚。惚啊恍啊，其中却有象；恍啊惚啊，其中却有物。幽深啊暗昧啊，其中却有实情；这实情非常真切，能让人相信。从古到今，它的名一直存在，用它可以认识万物的开始。我何以知道万物开始的状态呢？就是用"道"。

解析

这一章在文本上只有一个字的订正：中间的一段通行本为"窈兮冥兮，其中有精；其精甚真，其中有信"，现将其中的"精"字改为"情"，并根据"情者，实也"的解释，理解为"实情"。因为《庄子·大宗师》中有"夫道,有情有信"。

　　这一章又是对"道"进行了一番描述,其写作手法仍然是"赋",平铺直叙地进行描述。一开始就说:"孔德之容,惟道是从。""孔"是"大"的意思,所以这句话是说大德的表现有一个特点:惟道是从,只跟"道"保持一致。接下来描述:"道之为物,惟恍惟惚。惚兮恍兮,其中有象;恍兮惚兮,其中有物。窈兮冥兮,其中有情;其情甚真,其中有信。"这是把第十四章中讲过的"道"的特性("是谓无状之状,无物之象,是谓恍惚")又展开了一下。大体上是说,虽然"道"看起来恍恍惚惚,看不清楚,但其中是有实际的东西的,有象、有物,有情、有信。"情"就是"实情",一种实实在在的情况,因为实实在在,所以非常真实,能使人相信。然后进一步描述"道"的作用:"自古及今,其名不去,以阅众甫。""甫者,始也",指事情刚开始的状况。"道"这个东西,从古到今始终存在,用"道"可以去了解万物开始是什么状况。最后说:"吾何以知众甫之状哉?以此。"我们怎么知道万物开始的状况呢?就是用"道"去看。所以这一章还是对"道"的一番描述。

第二十二章

通行本

企者不立,跨者不行,自見者不明,自是者不彰,自伐者無功,自矜者不長。其在道也,曰餘食贅行。物或惡之,故有道者不處。

订正本

企者不立,跨者不行,自见(xiàn)者不明,自是者不彰,自伐(夸)者无功,自矜(jīn,自大)者不长(zhǎng,官长)。其在道也,曰余食赘行,物或恶(wù,厌恶)之,故有道者不处(chǔ)。

试译

踮着脚跟站不长,跨着大步走不久,自我表现者看不明,自以为是者看不清,自我夸耀者无功劳,自高自大者不能当领导。上述行为对"道"来说,是剩饭赘瘤,谁都厌恶,所以有道的人不会那样做。

解析

首先需要说明的是,这一章是通行本的第二十四章,因为其阐述的内容和第二十二章所阐述的内容正好互为补充,一反一正,所以将其调整为第二十二章。在文本上没有订正,和通行本一致。

这一章稍微具体一点,是阐述懂得道的人应该有什么样的表现。采用的写作手法是"比",先列举六种情况,然后归纳总结出一个结论。第一种情况是:"企者不立",是说"踮着脚跟站不长"。"企"就是人把脚跟踮起来,这种姿势是不可能长时间站立的。第二种情况是:"跨者不行",是说"跨着大步走不久"。"跨"是跨大步,正步走,人不可能长时间始终走正步,所以不可能用这种姿势来正常走路。第三种情况是:"自见者不明",是说"自我表现者看不明"。第四种情况是:"自是者不彰",是说"自以为是者看不清"。"彰"是彰显,"不彰"就是看不清。第五种情况是:"自伐者无功",是说"自我夸耀者无功劳"。"伐"是夸耀。第六种情况是:"自矜者不长",是说"自高自大者不能当领导"。"矜"是矜持、骄傲。"长"有两种理解:一是理解为"长进",二是理解为"当官",此处采用第二种理解。接下来,将前面六种情况归纳总结出一个结论:"其在道也,曰余食赘行,物或恶之,故有道者不处"。在"道"看来,这样一些行为都称为剩余的食物和累赘的形体。人吃剩下的饭菜,人身上长出的一些多余的、累赘的瘤子,都是些不自然的东西。所以,所有的人都讨厌这些余食赘行,因此有道的人是不会这么做的。

第二十三章

通行本

曲則全,枉則直,窪則盈,敝則新,少則得,多則惑。是以聖人抱一為天下式。不自見故明,不自是故彰,不自伐故有功,不自矜故長。夫唯不爭,故天下莫能與之爭。古之所謂曲則全者,豈虛言哉!誠全而歸之。

订正本

"曲则全,枉则直,洼则盈,敝则新,少则得,多则惑。"是以圣人抱一为天下式。不自见,故明;不自是,故彰;不自伐,故有功;不自矜,故长。夫唯不争,故天下莫能与之争。古之所谓"曲则全"者,岂虚言哉?诚全而归之。

试译

"委曲反能保全,枉屈反能伸直,低洼反能充盈,敝旧反能出新,少反能有得,多反而迷惑。"所以圣人守"道"作为天下的范式。不自我表现,所以看得清;不自以为是,所以名声彰显;不自我夸耀,所以才有功劳;不自大,所以能够当领导。正因为与世无争,所以天下没有东西能和他争。古人说"委曲反能保全",怎么会是空话呢?确实能使人得到保全。

解析

这一章的文本没有订正,和通行本一致,只是在标点符号上做了变动。这一章集中阐述了老子的辩证思维,可以和第二十二章对照起来读。第二十二章是反面的论述,这一章是正面的论述。

一开始,提出古人的六句话:"曲则全,枉则直,洼则盈,敝则新,少则得,多则惑",都是辩证思维才能得出的结论。意思是:委曲反能保全,枉屈反能伸直,低洼反能充盈,敝旧反能出新,少反能有得,多反而迷惑。特别是最后两句:"少则得,多则惑",对学习有很好的借鉴意义。1962年,毛泽东提出对当时的大学要进行教育改革,改革的一个指导思想就是要"少而精":不要教得太多,教少一点、精一点,反而更能有收获。这启示我们,读书不要单纯追求多,而应该追求"精"。读经典就是最好的"精"。因为经典是人类几千年文化的精髓,对人的一生有着重要的指导作用。著名学者余秋雨在他的演讲《现代人的读书困惑》中,分析了现在书太多、信息太多,以至于不知道如何读书的现状,提出在选择书籍时可以问三个问题:第一,你最感兴趣的是哪个领域?第二,在这个领域中,谁的水平最高?第三,这个人的哪一本书是他的最高水平?然后,就应该单刀直入,找到这本书去阅读。尽管遇到的困难会很大,但只要认真读下来,你的收获一定是最大的。我认为,这样的读书方法符合老子的"少则得,多则惑"的观点,值得借鉴。老子把古人的这种思维归结为"道"的指导作用:"是以圣人抱一为天下式。"所以圣人做任何事情都遵循"道"作为天下的范式。句中的"一"就是"道"。下面进一步从正面阐述:遵循"道",就要将这种辩证思维体现在各个方面。"不自见,故明;不自是,故彰;不自伐,故有功;不自矜,故长。"不自我表现,所以能看得清;不自以为是,所以能名声彰显;不自我夸耀,所以才能有功劳;不自大,所以能够当领导。然后进一步强调:"夫唯不争,故天下莫能与之争。"正因为不争,所以天下没有东西能和他争。此处的"之"既可指按"道"行事的圣人,也可指"道"本身。老子非常强调"不争",第八章说"上善若水"时就强调过:"夫唯不争,故无尤。"此处的这句话也可表达为"争不争":用不争去争,然后天下莫能与之争。最后再一次强调:"古之所谓'曲则全'者,岂虚言哉!诚全而归之。"古人所说的"委曲能够保全"难道是一句空话吗?显然不是的。它真的能够让人得到保全。这样一些道理,我们应该认真体会其中的辩证思维。

第二十四章

通行本

> 希言自然。故飄風不終朝,驟雨不終日。孰為此者?天地。天地尚不能久,而況於人乎?故從事於道者,道者同於道,德者同於德,失者同於失。同於道者,道亦樂得之;同於德者,德亦樂得之;同於失者,失亦樂得之。信不足焉,有不信焉。

订正本

希言自然。故飘风不终朝(zhāo),骤雨不终日。孰为此者?天地。天地尚不能久,而况于人乎?故从事于道者同于道,得者同于得,失者同于失。同于得者,道亦得之;同于失者,道亦失之。

试译

少发号施令是符合自然的。所以狂风不会刮一早晨,暴雨不会下一整天。谁使它们这样呢?是天地。天地(的狂暴)尚且不能持久,又何况人呢?所以求"道"的人合于"道",求"得"的人合于"得",求"失"的人合于"失"。合于"得"的人,"道"也得到他;合于"失"的人,"道"也舍弃他。

解析

这一章在文本上有不少订正之处,与通行本有较大不同,是综合诸多学者的观点而成的。通行本在最后还有一句:"信不足焉,有不信焉。"帛书本无,且已出现在第十七章,故去之。

这一章的写作手法是"兴"。一开始就给出四个字:"希言自然",给人强烈的冲击。同前面强调的一样,"不言"要理解为"不发号施令",所以此句应理解为:不发号施令是符合自然的。因为自然就是自然而然,不是靠人为地去发号施令、去指挥。下面,就从一些自然现象来阐述为什么我们不要发号施令指挥别人。"故飘风不终朝,骤雨不终日。""飘风"指很大的风,它不可能刮一个早上;很大的雨,也不可能下一整天。下面接着分析:"孰为此者?"谁能够做到这样呢?答案是:"天地。"接下来又问:"天地尚不能久,而况于人乎?"天地的这些狂暴现象都不可能长久,何况我们人呢?所以我们人一定不能走极端,极端的事情是不可能长久的。然后归纳总结:"故从事于道者同于道,得者同于得,失者同于失。"我们做事情,一定要按照"道"去做,这样你就和"道"站在了一起;如果你追求"得",那么"得"就和你站在了一起;如果你追求"失",那么你就站在"失"的那一边了。注意此处的"得"即"德"。在后面的第三十八章会解释:德者,得也;得也者,其谓所得以然也。即"得"就是得"道",得到"道"就是"德"。最后,再次强调:"同于得者,道亦得之;同于失者,道亦失之。"合于"得"的人,"道"也得到他;合于"失"的人,"道"也舍弃他。

第二十五章

通行本

> 有物混成,先天地生。寂兮寥兮,獨立而不改,周行而不殆,可以為天下母。吾不知其名,字之曰道,強為之名曰大。大曰逝,逝曰遠,遠曰反。故道大,天大,地大,王亦大。域中有四大,而王居其一焉。人法地,地法天,天法道,道法自然。

訂正本

有物混成,先天地生。寂兮寥兮,独立而不改,周行而不殆,可以为天地母。吾不知其名,强字之曰道,强为之名曰大。大曰逝,逝曰远,远曰反。故道大,天大,地大,人亦大。域中有四大,而人居其一焉。人法地,地法天,天法道,道法自然。

试译

有个东西浑然天成,它在天地之前已出生。寂静啊,空寥啊,它独立存在而不改变,不停地循环运行而不知疲怠,可以作为天地万物的根本。我不知道它的名字,勉强把它称作"道",勉强给它起个名叫"大"。大就会逝去,逝去就会遥远,遥远又会回返。所以道是大的,天是大的,地是大的,人也是大的。宇宙中有四个大的东西,而人是其中之一。人效法地,地效法天,天效法道,道效法"自己如此,自然而然"。

解析

这一章的文本有两处订正:一是在"字之曰道"前加了"强"字,

二是将"王亦大"中的"王"字订正为"人",因为后面阐述的是"人法地",王弼版也是按"人"注解的。

这一章再一次对"道"进行描述,所以采用的写作手法仍是"赋"。这一章很重要,因为里面有我们非常熟悉的一段话:"人法地,地法天,天法道,道法自然。"这是《道德经》的精髓。一开始,就描述:"有物混成,先天地生。寂兮寥兮,独立而不改,周行而不殆,可以为天下母。吾不知其名,强字之曰道,强为之名曰大。"这是形容"道"这个东西浑然天成,在天地之前就有了,它很寂寥,但它不改心志,周而复始地循环运行而且不知疲怠,可以作为天地万物之母。"我"不知道它的名字,所以勉强把它称为"道",勉强给它起个名字叫"大"。所以"大",还有"朴""一",都是"道"的别名。然后进一步阐述"道"的特性:"大曰逝,逝曰远,远曰反。"其中的"曰"应理解为"则",是"就"的意思,东西大了自然就会流失,流失以后就越来越远,但是远到一定程度之后就又会返回来,这样就形成一种"周行而不殆"的现象。然后得出结论说:"故道大,天大,地大,人亦大。域中有四大,而人居其一焉。"所以,道是大的,天是大的,地是大的,人也是大的。宇宙中有四个大的东西,而人是其中之一。请注意,这是道家和儒家在观念上的一个重要区别。儒家认为,天是最高、最大的,而道家认为,在"天"之上还有"道","道"高于"天"。同时,这一段还把人的地位做了充分的肯定,人也是大的,但要做到这点,关键是后面四句话:"人法地,地法天,天法道,道法自然。"人怎样才能显示出他的伟大呢? 就是一定要按照"道"去做。人因为有主观能动性,所以他可以去认识"道",按照"道"去做事,从而显示出他的伟大。所以这里有一个辩证的推理:人要效法地,地要效法天,天要效法"道","道"要效法自然。请注意,最关键的是后面这四个字:"道法自然",这是老子哲学思想的核心。而在理解这句话时一定要正确理解"自然"的涵义。我们一般认为:自然是什么? 不就是天地万物吗? 但是,前面已经出现了天,出现了地,后面再出现自然,这不是同义反复吗? 如果这样你就无法理解,而且反而觉得老子这句话有矛盾。所以一定要注意,"自然"这两个字在古代不是指现在理解的大自然,它指的是一句话,就是"自然而然"或者说"自己如此"。所以,"道法自然"说的是:"道"效法的是"自然而然""自己如此"。只有这样理解,才能够抓住"道"的本质。因为,前面三句话把"道"提高到一个无上的高度,在天之上,所以我们会觉得它高高在上、虚无缥缈,但是最后一句话又把这个高高在上、虚无缥缈的"道"拉回到人间,拉回到现实:万事万物中都有"道","道"就是体现为自然而然、自己如此的东西。所以"道"一点也不抽象,一点也不虚无缥缈,它是实实在在的,存在于万事万物之中,只要我们去认识,只要我们去遵循,就能体现出我们人的伟大。如果认识不到这一点,不遵循它,人就不会伟大,反而会破坏天地万物,破坏宇宙,所以这章非常重要。这里笔者介绍陈鼓应先生的一段话以帮助大家理解"道法自然":"道法自然",即道遵循自然,乃是遵循自己存在的方式,依据其自身存在的方式自由运行。……人法道的自然性,实即发挥人内在本身的自发性、自由性(《中国哲学中的道家精神》)。这段话听起来有点抽象,是哲学的语言,实际上是说,"道"代表一种自由,人按照"道"去做,才能得到真正的自由。在这一点上,庄子做了很好的发挥和发展,所以建议大家也要读一读《庄子》。

第二十六章

通行本

> 重為輕根,靜為躁君。是以聖人終日行不離輜重。雖有榮觀,燕處超然。奈何萬乘之主而以身輕天下?輕則失本,躁則失君。

订正本

重为轻根,静为躁君。是以圣人终日行不离辎(zī)重。虽有荣观,燕处超然。奈何万乘(shèng)之主而以身轻天下?轻则失根,躁则失君。鱼不可脱于渊,国之利器不可以示人。

试译

重是轻的根基,静是躁的主宰。所以圣人整天行走也不能离开载着粮草的辎重。虽然有华美的景观,也应超然地对待。为何万乘大国的君主却轻率地看待生命?轻率就会失去根本,浮躁就会失去主宰。鱼不能离开深渊,国家的法宝不能随意出示给人看。

解析

这一章在文本上只有一处订正:在最后加上了"鱼不可脱于渊,国之利器不可以示人",是从第三十六章移入的。

这一章论述"道"的重要性,写作手法类似于"兴"。一开始就强调:"重为轻根,静为躁君。"把轻和重、静和躁的关系做了说明:重是轻的根基,静是躁的主宰。从而强调了"重"和"静"的重要性,实际上就是强调了"道"的重要,因为"道"的本质特点就是"重"和"静"。接下来,论述圣人必须重视"道":"是以圣人终日行不离辎重。"此处的"不离辎重"就是比喻"道"的重要,一刻也不能离开,就像打仗离不开辎重一样。"虽有荣观,燕处超然",尽管外面的世界花花绿绿,但是一定要超脱地看待,不要被这些东西迷惑而把轻重关系颠倒了。所以下面就问:"奈何万乘之主而以身轻天下?"这是批判当时那些有权利的人,"万乘之主"类似于天子,或者一些大国的国君,"却以身轻天下",把人的生命看作是天下最轻的东西。因为当时成天打仗,使那么多人死去,根本就没认识到人的生命的宝贵。而重视民众的生命,恰恰是"道"在治国上的重要内涵。所以下面进一步强调:"轻则失本,躁则失君。"轻率就会失去根本,浮躁就会失去主宰。轻率地对待民众的生命,浮躁地到处打仗,最后必然导致国家的灭亡。最后的一段文字:"鱼不可脱于渊,国之利器不可以示人",是从第三十六章移入的,这是笔者个人的一种理解,因为在原处不合文意,移至此却很合适。鱼是不应该离开水的,国家的利器也不能随便展示给别人看。因为鱼生活在水中这是一种自然,符合"道",而要治理好国家,也必须按照"道"去治理,在与别的国家竞争的时候,为了保持自己国家的独立强大,当然不能随意显示。有人将"国之利器"解释为法律、赏罚之类的东西,笔者认为这种理解跟老子的思想不太符合。

第二十七章

通行本

> 善行無轍跡,善言無瑕謫;善數不用籌策;善閉無關楗而不可開,善結無繩約而不可解。是以聖人常善救人,故無棄人;常善救物,故無棄物,是謂襲明。故善人者,不善人之師;不善人者,善人之資。不貴其師,不愛其資,雖智大迷,是謂要妙。

订正本

善行无辙迹;善言无瑕谪(zhé);善数不用筹策;善闭无关楗而不可开;善结无绳约而不可解。是以圣人常善救人,故无弃人;常善救物,故无弃物。是谓袭明。故善人者,不善人之师;不善人者,善人之资。不贵其师,不爱其资,虽智大迷,是谓要妙。

试译

善于行走的人不留痕迹;善于言谈的人不留下漏洞;善于计数的人不用筹码;善于关闭的人不用门闩却让人打不开;善于捆绑的人不用绳索却让人解不开。所以圣人常常善于救人,因此没有可遗弃的人;常常善于救物,因此没有可遗弃的物。这叫不显露的聪明。所以好的人是不好的人的老师,不好的人是好人的借鉴。不尊重老师,不爱惜借鉴,虽然看似很聪明,其实很糊涂,这是重要的奥妙。

解析

这一章的文本没有订正,和通行本一致。
这一章继续阐述"道"的重要作用,但采用的写作手法是"比"。

先列举五个情况,然后归纳总结出圣人应遵循的一个原则。所以其结构和第二章基本一样。

　　列举的第一个情况是:"善行无辙迹",是说善于行走的人在地上不留痕迹。第二个情况是:"善言无瑕谪",是说善于言谈的人不留下漏洞。第三个情况是:"善数不用筹策",是说善于计数的人不用筹码。第四个情况是:"善闭无关楗而不可开",是说善于关闭的人不用门闩却让人打不开。第五个情况是:"善结无绳约而不可解",是说善于捆绑的人不用绳索让人却解不开。这五个情况所说明的道理是一样的,都是强调一个真正懂得"道"的人做事情的表现,实际上强调的是"道"的重要、"道"的作用。所以接下来,归纳总结出圣人应遵循的一个原则:"是以圣人常善救人,故无弃人;常善救物,故无弃物。是谓袭明"。圣人遵循"道"去做事情,就应该"常善救人",善于救助民众,所以在他的眼中是没有值得遗弃的人的。同样的道理,圣人"常善救物",所以在他的眼中是没有值得丢弃的物的,而这样的一种聪明被称为"袭明":不是很明显的,而是隐蔽的聪明。以前打仗,经常采用"袭击"的方式,所以"袭明"就指隐蔽的聪明。最后这一段非常精彩,阐述了"要妙":重要的奥妙。"故善人者,不善人之师;不善人者,善人之资。不贵其师,不爱其资,虽智大迷,是谓要妙。"所以好的人是不好的人的老师,不好的人是好人的借鉴。不尊重老师,不爱惜借鉴,虽然看似很聪明,其实很糊涂,这是重要的奥妙。老子所阐述的这个道理确实非常重要,对每一个人都有启示作用。它告诉我们:如何看待周围的人、周围的事情,不要只看到那些正面的、比自己好的人,把他当老师,向他学习,这当然是好的,但是另一方面不好的人不要简单地看不起他、遗弃他,而应从他那里得到借鉴,提醒自己不要像他这样做事情,这些人同样可以成为自己的老师,常称为"反面教员",也可以让自己得到进步。这样人就进步得更快。《论语》中有一句话,叫"无友不如己者"。一般都理解为:不要交不如自己的朋友,但这样就会造成一个悖论:你不愿意和不如你的人做朋友,只和比你强

的人做朋友,那在对方看来,他比你强,他也不会跟你交朋友,如此一来,你就不可能交到朋友。如果按照老子的这个思路,就可以很好地处理这个问题。不管这个朋友是不是比你强,在他的身上都有值得你学习或借鉴的地方,强调要善于发现别人的优点,善于向一切人学习。所以,"无友不如己者"就可以理解为:没有一切方面都不如你的朋友。这确实是一个很重要、很有用的奥妙,值得好好体会。

第二十八章

通行本

> 知其雄,守其雌,為天下溪。為天下溪,常德不離,複歸於嬰兒。知其白,守其黑,為天下式。為天下式,常德不忒,複歸於無極。知其榮,守其辱,為天下谷,常德乃足,複歸於樸。樸散則為器,聖人用之,則為官長。故大制不割。

订正本

知其雄,守其雌,为天下溪。为天下溪,常德不离,复归于婴儿。知其白,守其辱(黑),为天下谷。为天下谷,常德乃足,复归于朴。朴散则为器。圣人用之则为官长。故大制不割。

试译

懂得雄强,却安守雌柔,甘为天下的小溪。甘为天下的小溪,与常德不分离,就复归到婴儿的纯真状态。懂得明亮,却安守黑暗,甘为天下的深谷。甘为天下的深谷,常德就会充足,就复归到"朴"。"朴"分散后便成了各种具体的器物。圣人运用"知正守反"的道理就成为官长。所以好的管理制度要遵循整体的"知正守反"道理,不能人为分割。

解析

这一章在文本上有一处订正:将通行本中间的一段"守其黑,为天下式。为天下式,常德不忒,复归于无极。知其荣,"去掉了。因为《庄子·天下》中引用的就是"知其白,守其辱"。而且第四十章（通行本的第四十一章）也提到："大白若辱。"可见，在古代，"辱"是和"白"相对的，代表"黑"。

  这一章强调老子辩证法的一个重要特点：重视整体性，重视事物的另一面。采用的写作手法是"赋"。文章的前半部阐述要重视事物的另一面。"知其雄，守其雌，为天下溪。为天下溪，常德不离，复归于婴儿。"强调我们看事情一定要看到两个方面，既要看到雄也要看到雌，而且主张我们要把立足点放在雌的一面，这样采取低姿态，就更加主动，可以让我们成为天下的一条小溪，水很容易汇入小溪。如果你姿态低，成为了天下的小溪，那么"德"就不会离开你，然后就可以让你复归到婴儿那样一种很柔软但同时又最富有生命力、最有发展前景的状态。类似地，"知其白，守其辱，为天下谷。为天下谷，常德乃足，复归于朴。"懂得明亮的好处，但是守着黑暗，这样就成为天下的深谷。把自己的位置放得很低。成为天下深谷的话，"德"就很充足，然后可以复归于"朴"，也就是复归于"道"。"朴"的原意是没有雕琢过的原木，比喻"道"也是未经雕琢的、原生态的东西。所以，这两个提法："知雄守雌"和"知白守辱"，都是强调要懂得辩证法，要看到事物的两个方面。其实，这就是"道"。强调了辩证法，就是强调"道"。但是，现实情况是，世界不可能永远保持这个原始状况，人们为了自己的利益，经常会把"朴"打散，做出很多具体的器皿供人使用，比如，用它做家具、盖房子等。这是一种比喻，比喻人违背了"道"，破坏了"道"，将一个原始的、整体的"道"分割了。所以"圣人用之则为官长。故大制不割"。请注意思考：句中"圣人用之"的"之"该如何理解？代表什么？笔者以前读了很多次，也看了很多学者的解释，大多将"之"理解为"器"，总觉得不太准确。后来仔细体会，才体会到应该指"道"，也就是前面阐述的"知雄守雌""知白守辱"中所体现的辩证思维。这种辩证思维还可普遍性地概括为"知有守无"。这里隐含着一个重要的观点：如何具体运用"道"。一方面，要懂得"道"的本质是"有"和"无"的统一；另一方面，要特别重视"无"的作用。因为常人只看到"有",而忽视"无",而只有懂得"道"、善于运用"道"的人才能看到"无"的重要,才能做到"知有守无"。因此,这一段强调的就是:圣人用"道"就可以成为官长。所以圣人治国的一个原则就是"大制不割",就是要用大道去治理国家,要重视事物的整体性,不要把它人为地进行分割,只看到正的一面,看不到反的一面。这确实是治理国家的一个非常重要的原则。

第二十九章

通行本

將欲取天下而為之,吾見其不得已。天下神器,不可為也,不可執也。為者敗之,執者失之。故物或行或隨,或歔或吹。或強或羸,或挫或隳。是以聖人去甚,去奢,去泰。

订正本

将欲取天下而为之,吾见其不得已。天下神器,不可为也,不可执也。为者败之,执者失之。是以圣人无为故无败,无执故无失。夫物或行或随,或歔或吹,或强或羸(léi,弱),或载(危险)或隳(huī,安全)。是以圣人去甚,去奢,去泰。

试译

要想取得天下而强行去为,我看他不会达到目的。"天下"是神圣的器物,是不可以妄为的,是不可以强抓的。妄为的人必然失败,强抓的人必然丧失。因此圣人无为所以不失败,不强抓所以不丧失。事物有的前行、有的后随,有的轻嘘、有的急吹,有的强壮、有的瘦弱,有的安全、有的危险。因此圣人去除极端、去除奢侈、去除过分。

解析

这一章的文本有两处订正:一是在中间加入了"是以圣人无为故无败,无执故无失",是从第六十四章移入的,因为正与此处的文意符合;二是其中的"挫"字据河上公本改为"载"。

这一章阐述的是圣人治理天下的一个原则,即文中最后一句话:去甚、去奢、去泰。首先强调:"将欲取天下而为之,吾见其不得已。"要想取得天下而强行去为,"我"认为他是不会达到目的的。为什么呢?因为"天下神器,不可为也,不可执也。为者败之,执者失之"。天下是一个神器,是一个神圣的东西,是不可以妄为的,是不可以强抓的。妄为的人必然失败,强抓的人必然丧失。"是以圣人无为故无败,无执故无失。"因此圣人无为所以不失败,不强抓所以不丧失。这是再次体现老子的无为思想,不强行做事情。接下来进一步形容天下的事情是各种各样的、多元的:"故物或行或随,或歔或吹,或强或羸,或载或隳。"天下的事情有的行,有的随;有的吸,有的呼;有的强,有的弱;有的安全,有的危险。最后,得出的结论是:"是以圣人去甚,去奢,去泰。"所以,圣人做事情一定不走极端,不追求奢侈,不追求过分。文中的"泰"通"太"。这种治理天下的原则就是始终保持适中的度,和中庸的思想类似。本章阐述这种思想,既有自身独立的意义,也是为下面几章论述战争做铺垫。因为战争就是一种走极端的做法,是不符合"去甚、去奢、去泰"的原则的。

第三十章

通行本

> 以道佐人主者,不以兵強天下。其事好還。師之所處,荊棘生焉。大軍之後,必有凶年。善,有果而已,不敢以取強。果而勿矜,果而勿伐,果而勿驕。果而不得已,果而勿強。物壯則老,是謂不道,不道早已。

訂正本

以道佐人主者,不以兵强天下,其事好(hào)还。师之所处,荆棘生焉。大军之后,必有凶年。善,有果而已,不敢以取强。果而勿矜,果而勿伐,果而勿骄,果而不得已,果而勿强。强壮则老,是谓不道,不道早已。

试译

用"道"辅助国君的人,不以用兵逞强于天下,因为用兵这事容易得到报应。军队驻扎过的地方,荆棘长了出来。大战以后,一定会有荒年。善用兵的,有结果就算了。有了结果不要自大,有了结果不要自夸,有了结果不要骄傲,有了结果要看作是不得已,有了结果不要逞强。事物强壮了就要衰老,"取强""逞强"不符合"道",不符合"道"就会很快死亡。

解析

这一章的文本订正只有一个字:将通行本最后一句"物壮则老"中的"物"改为"强",目的是和上一句"果而勿强"相呼应。

这一章阐述老子对待战争的态度,采用的写作手法是"赋"。老子对待战争的态度是非常明确的:坚决反对,不管是从珍惜民众生命的角度,还是从第二十九章所阐述的"去甚,去奢,去泰"的治国原则,都不应该打仗。所以,一开始就明确提出:"以道佐人主者,不以兵强天下,其事好还。"这是强调:用"道"辅助国君的人,不以用兵逞强于天下,因为用兵这事容易得到报应。什么报应呢?"师之所处,荆棘生焉。大军之后,必有凶年。"军队驻扎过的地方,荆棘就会长出来。大战以后,一定有荒年。"善,有果而已,不敢以取强。果而勿矜,果而勿伐,果而勿骄,果而不得已,果而勿强。"善于用兵的,有结果就算了。有了结果不要自大,有了结果不要自夸,有了结果不要骄傲,有了结果要看作是不得已,有了结果不要逞强。为什么呢?因为"强壮则老,是谓不道,不道早已"。事物强壮了就要衰老,"取强""逞强"不符合"道",不符合"道"就会很快死亡。所以老子始终提倡:应将自己保持在弱小的位置上,不要过分地强壮,因为一强壮就要走下坡路,就要走向反面,这是辩证法的体现。

第三十一章

通行本

夫佳兵者,不祥之器,物或恶之,故有道者不处。君子居则贵左,用兵则贵右。兵者不祥之器,非君子之器,不得已而用之,恬淡为上。胜而不美,而美之者,是乐杀人。夫乐杀人者,则不可以得志于天下矣。吉事尚左,凶事尚右。偏将军居左,上将军居右,言以丧礼处之。杀人之众,以哀悲泣之,战胜,以丧礼处之。

订正本

夫兵者,不祥之器,非君子之器,物或恶之,故有道者不处。不得已而用之,恬淡为上。胜而不美,而美之者,是乐杀人。夫乐杀人者,则不可得志于天下矣。君子居则贵左,用兵则贵右。吉事尚左,凶事尚右;偏将军居左,上将军居右,言以丧礼处之。杀人之众,以悲哀泣之,战胜,以丧礼处之。

试译

用兵是不吉祥的东西,不是君子使用的东西,谁都厌恶它,所以有道的人不使用。只有不得已才用它,要淡然处之为好。打了胜仗不要得意,打胜仗而得意的人,是喜欢杀人。喜欢杀人的人,是不能够得志于天下的。君子平时以左为贵,用兵时则以右为贵。吉庆事以左为上,凶丧事以右为上;偏将军站在左边,上将军站在右边,这就是用丧礼处理战争。杀了很多人,以悲哀的心情参加,虽然胜了也要用丧礼处理。

解析

这一章的通行本文本中有两处讲到"兵者,不祥之器",前后重复,显然是流传中造成的。所以,经过思考,并借鉴冯达甫先生《老子译注》一书的意见,订正为现在推荐的文本。

这一章仍然是阐述老子对待战争的态度。一开始就强调:"夫兵者,不祥之器,非君子之器,物或恶之,故有道者不处。不得已而用之,恬淡为上。"意思是说用兵是不吉祥的东西,不是君子使用的东西,谁都厌恶它,所以有道的人不使用。只有不得已才用它,要淡然处之为好。接着进一步强调:"胜而不美,而美之者,是乐杀人。夫乐杀人者,则不可得志于天下矣。"打了胜仗不要得意,打胜仗而得意的人,是喜欢杀人。喜欢杀人的人,是不能够得志于天下的。因为他总想打仗,认为可以从打仗中得到好处,这种人要是得志于天下的话,这个世界就天天有战争了。所以,一般情况下,是不让军人执掌国家政权的。最后的这段话很有意思:"君子居则贵左,用兵则贵右。吉事尚左,凶事尚右;偏将军居左,上将军居右,言以丧礼处之。杀人之众,以悲哀泣之,战胜,以丧礼处之。"按照中国古代的礼节,君子平时是以左为贵的,比如贵客来了,为了表示尊敬,我们必须"虚左以待",这就是以左为贵,用兵时则以右为贵。吉庆事以左为上,凶丧事以右为上。同时,还要求偏将军站在左边,上将军站在右边。为什么这样呢?就是因为战争是凶事,所以要用丧礼处理战争。战争杀了很多人,要以悲哀的心情参加这种丧礼,即使胜了也要用丧礼处理,而不是像现在,打了胜仗要开庆功会。庆功会这个做法,老子是坚决反对的。笔者认为老子的观点是很有道理的,不管是什么情况,只要打仗,一定死人,死的都是老百姓,所谓"一将功成万骨枯",确实如此。所以,我们一定要反对战争,争取世界的永久和平。

这一章还强调了中国文化中"左"和"右"的涵义:平时以"左"为贵,打仗时以"右"为贵。我们后来在革命年代形成一个传统,认

为"左"比"右"好。孔子在《论语·先进篇》中认为:"过犹不及。"应该看到,"左"带来的危害在通常情况下比"右"要大得多。因为"右""不及",还可以补救,但"左"过头了,已经造成结果,就无法挽回了。另外,有一首著名的唐诗,韩愈的《左迁至蓝关示侄孙湘》:"一封朝奏九重天,夕贬潮州路八千。欲为圣明除弊事,肯将衰朽惜残年!云横秦岭家何在?雪拥蓝关马不前。知汝远来应有意,好收吾骨瘴江边。"为什么这首诗的题目称"左迁至蓝关"?很多学者认为,唐朝以"右"为贵,被贬不是好事,所以用"左迁"。笔者认为这个解释不太准确,中国文化传统中"左""右"的内涵始终没有改变过,唐朝也不会改变。所以笔者认为是不是可以从另外一个角度去理解,用老子的辩证思维去理解。明明是"贬",应该是"右",但说成是"左迁",把坏事说成好事,是用这样一种方法安慰自己,希望能正面对待人生的挫折,去迎接这种考验。笔者很喜欢这首诗,并将其中的两句略加改动后激励自己:"欲为教育除弊事,肯将衰朽惜残年!"因为笔者已年过七旬,十年前查出癌症,做过两次手术,身体也已近衰朽,但真心希望能尽自己的一点绵薄之力,推动中国优秀传统文化的传播和发扬。

第三十二章

通行本

> 道常無名,樸雖小,天下莫能臣也。侯王若能守之,萬物將自賓。天地相合,以降甘露,民莫之令而自均。始制有名,名亦既有,夫亦將知止,知止所以不殆。譬道之在天下,猶川谷之于江海。

订正本

道常无名,朴虽小,天下莫能臣也。侯王若能守之,万物将自宾。天地相合,以降甘露,民莫之令而自均。始制有名,名亦既有,夫亦将知止,知止可以不殆。譬道之在天下,犹川谷之于江海。

试译

"道"永远无名,朴(指"道")虽然小,但天下没有能让它臣服的。侯王若能持守它,万物(民众)将自动地服从。天地(阴阳)相合,就会降下甘露,民众没有命令它均匀却自然均匀。开始管理就有了名,名既然有了,就要安心于道,安心于道就不会有危险。比如"道"在天下,(众人归服它,)就像川谷归于江海。

解析

这一章没有订正。

这一章又是对"道"进行论述,同时阐述侯王治理国家时应注意的事项。采用的写作手法仍是"赋",平铺直叙地进行论述。一开始强调:"道常无名,朴虽小,天下莫能臣也。"意思是说"道"永远无名，朴（指"道"）虽然小，但天下没有能让它臣服的。接下来阐述"道"的作用。一方面是对侯王："侯王若能守之，万物将自宾。"侯王若能守住道，那么万物（民众）将自动地服从他。另一方面是对民众："天地相合，以降甘露，民莫之令而自均。"天地阴阳相合，就会降下甘露，民众没有命令它均匀却自然均匀。说明"道"对民众的情感：对民众都能带来好处，而且这样一种行为不是靠哪一个人发布命令，要它这么做的，它是自动地、自然地而且是非常均匀地，不会是只对哪一部分人降，而对另外的人不降。下面进一步强调侯王在治理国家时应注意的事项："始制有名，名亦既有，夫亦将知止，知止可以不殆。"意思是说开始管理就有了名，名既然有了，就要安心于道，安心于道就不会有危险。这句话的本质是要侯王遵循"道"。因为"道"本身是无名的，但是人在实际上使用、运用的时候是有名的。那么该如何看待"无名"和"有名"之间的辩证关系呢？老子强调要"知止"，就是必须要安心于道，不要无限制地去追求"有名"，懂得安心于道才不会发生危险。最后，再进一步强调"道"的特性："譬道之在天下，犹川谷之于江海。"道在天下的重要性是，天下的人都认识到"道"的作用，所以自动地归向它，就好像小川、小谷自动流向大江大海一样。

第三十三章

通行本

> 知人者智,自知者明。勝人者有力,自勝者強。知足者富,強行者有志。不失其所者久,死而不亡者壽。

订正本

知人者聪,自知者明。胜人者有力,自胜者强。知足者富,强行者有志。不失其所者久,死而不亡者寿。

试译

认识别人叫聪,认识自己叫明。胜过别人叫有力,胜过自己叫坚强。知足的人富有,坚持力行的人有志。不丧失其本性的能长久,死后不被遗忘的叫长寿。

解析

这一章的文本只有一处订正:将"智"改为"聪",因为"明"是和"聪"相对的。什么叫"明"?人的视力好,看东西看得清楚,才叫"明",指眼睛明亮。而"聪"是听力好,再小的声音也能听到,指耳朵敏锐。所以,将两者合称为"耳聪目明"。因此,"聪明"就是指耳朵的听力和眼睛的视力都好,后来演变为形容人的智力。

这一章是很好的一章,特意向大家推荐,请大家注意体会,因为每一句话都有很深的涵义。

这一章采用的写作手法是"赋",平铺直叙地予以阐述,一共讲了四个方面的事情。第一个方面的事情是:"知人者聪,自知者明。"意思是：认识别人叫聪，认识自己叫明。人存在于世上，都希望自己聪明。老子强调的是："聪明"是两个概念：知人叫"聪"，自知叫"明"，所以一个聪明人既要知道别人也要知道自己。而且知道自己在某种程度上比知道别人更重要，否则就不明，不明就看问题看不清楚。这是人性的弱点，看别人都觉得能够看得清楚，可是看自己通常看不清。第二个方面的事情是："胜人者有力，自胜者强。"意思是：胜过别人叫有力，胜过自己叫坚强。一个人存在于世上，总希望自己强有力。老子认为，这也是由两个方面组成的：一方面要胜过别人，这只能称为有力；另一方面，还要能胜过自己，这才叫强。也就是说：一个强有力的人既要胜过别人也要胜过自己。笔者认为胜过自己更重要。现在这个社会强调竞争，很多人对竞争的理解是要超过别人、胜过别人，但这只能叫有力，而不能称为强。真正的强者是战胜自己、超越自己。不能只把战胜别人、超过别人当目标，而应当把战胜自己、超越自己作为目标，自己努力了，有了成绩，在客观上自然可以超过别人。超过别人是一种附带的结果，不应作为目标。但是，一般人常常会把这两者的关系颠倒，甚至只看到一面而看不到另一面，这是错误的，造成的结果自然也不会好。第三个方面的事情是："知足者富，强行者有志。"意思是：知足的人富有，坚持力行的人有志。第一句话后来演变为"知足常乐"，其实不如"知足者富"更富有哲理，为什么呢？因为，人要知足，知道适可而止。当然，有些东西也是可以不知足的，所以首先要判断什么东西可以不知足，什么东西一定要知足。这就需要真正的聪明。然后，需要知足的东西一定要把握好度。比如，我们追求知识、追求真理，这是可以永远不知足的，但是追求物质财富就一定要知足，只有在这些方面知足了，你才是一个快乐的人，我们平常说的"知足常乐"就是这么理解的。而老子强调，只有这样，你才是一个真正富有的人。这其中的道理在于：假如我们把物质上的利益放在第一位，永远追求，永远不知足，也许通过努力会变得很有钱，但结果却更穷了。比如，原来没有钱，他认为有十块钱就很满足了;可是等有了十块钱后,他绝对不会知足,他一定会再要一百块。同样的道理,他会再要一千块、一万块……永远没有止境,最后的结果是什么呢？也许他的钱很多很多,可以超过很多人,但是这时候他不是一个富人,而是一个穷人;穷得只剩下钱,别的什么都没有了,亲情、友情、爱情、健康都没有了。这样的人不是一个真正的穷人吗？再看后面的一句:强行者有志。这一点似乎不用多解释,人一生总会碰到很多困难,所以我们不能知难而退,而要知难而进,必须要努力达到自己的目标,不达目的誓不罢休。人要有这样一种志气。从这里可以看出,老子并不是一味推崇退让的,也重视"有志者,事竟成"。第四个方面的事情是:"不失其所者久,死而不亡者寿。"我们先看最后一句:"死而不忘者寿。"意思是说死后不被遗忘的叫长寿。什么叫长寿？我们每一个人都希望自己长寿,但是真正的长寿不是说你活了一百岁,甚至活了一百二十岁,在老子看来,人死了之后别人还记得你,没有把你忘记,这才叫长寿。庄子有一篇专门谈养生的文章叫《养生主》,认为人不仅仅只有肉体的生命、物质的生命,还有精神的生命和价值的生命。肉体的生命总是有限的,但是精神的生命、价值的生命却可以永久地延长、无限地延长,"薪尽火传",做到永垂不朽,这才是真正的长寿。那么,怎样才能做到长寿呢？儒家认为:"太上有立德,其次有立功,其次有立言。虽久不废,此之谓三不朽。"(《左传·襄公二十四年》)。也就是说,通过立德、立功、立言可以做到不朽,这当然是长寿了。所以想长寿的人,就要从这三个方面去努力:提高自己的道德水准,成为人类的楷模;为祖国、为人类建功立业;提出好的思想、写出好的书,让后人去学习,就像写出我们今天学的经典的孔子、老子、庄子一样,这些人当然是真正的长寿者。我们再回头看前面的一句:"不失其所者久。"这里面的关键字是"所"。什么叫"所"？就是一个人的根本之所在、本性之所在。孟子在其《万章》篇中讲了一个故事:"昔者有馈生鱼于郑子产,子产使校人畜之池。校人烹之,反命曰:'始舍之圉圉(yǔ,困而未舒)焉,少则洋洋(稍纵)焉,攸然而逝。'子产曰:'得其所哉!得其所哉!'校人出,曰:'孰谓子产智?予既烹而食之,曰:得其所哉?得其所哉。'故君子可欺以其方,难罔以非其道。"其中就有"得其所哉"的说法。指那些鱼得到了最好的归宿,符合它们的本性。又比如找工作,找了很多工作总觉得不顺心,干不长,后来终于找到一个满意的工作。这种满意不仅仅是因为待遇好,更因为它最适合你。这时人们就会说你"得其所哉,得其所哉",你就能长久地把这件事情做下去,而且可以做到好上加好,做到极致,取得很大成绩。这就是"不失其所者久"的意思。所以,老子强调:我们首先要认识自己,认识到自己的所在在哪里?然后有目标、有意识地去寻找这样符合自己本性的工作,这样就能够长久地做下去,就能够真正体现我们的人生价值。所以整个一章的每句话都是很有意义的,值得我们好好体会。

　　这里,要特别强调一下关于"强"的理解,因为在20世纪90年代,媒体经常用"女强人"表扬某个做出了成就的女同志,认为这是对她的很大褒奖。但是如果我们用老子的话来衡量,这样的称呼是否恰当呢?恐怕未必。首先,这个称呼本身就有问题。很多女同志根本没有意识到这一点,还沾沾自喜,欣然接受这种称呼。但是有一个问题:为什么不把男同志叫男强人呢?深层的原因在于:提出这种称呼的人本质上就是一个大男子主义者。因为他认为,男人天生就应该是强者,再有本事都是应该的,都不必称为男强人。而女人呢?他认为天生就应该是弱者,偶尔出现了几个比较强的,就称她们为"女强人"。所以这个提法本身就有问题,是大男子主义的体现。其次,它的涵义是什么?就是说,这个人工作不错,超过了周围的某些男性,所以才称她为女强人。可是这些女强人不一定做到了超越自己,所以媒体强调的只是胜人,只能称为"胜人者"而不能叫强人。到了现在,对女同志又有新的提法,叫"女汉子",更是对女同志的极大不尊。真心希望我们的女同胞要清醒地认识到这一点,也希望我们的媒体注意提高自己的文化水平。

第三十四章

通行本

大道泛兮,其可左右。萬物恃之而生而不辭,功成不名有。衣養萬物而不為主,可名於小;萬物歸焉而不為主,可名為大。以其終不自為大,故能成其大。

订正本

大道泛兮,其可左右。万物恃之而生而不辞,功成不名有。衣养万物而不为主,可名于小;万物归焉而不知主,可名为大。以其终不自为大,故能成其大。天下皆谓我道大,似不肖。夫唯大,故似不肖。若肖,久矣其细也夫。

试译

大道像水泛滥一样,可左可右到处都有。万物靠它生长它不推辞,功成名就却不说有。养育万物而不自为主宰,可以说它很渺小;万物归附而不知道谁是主宰,可以说它很伟大。正因为它不自以为伟大,所以才能成为伟大。天下人都说我道大,似乎与众不同。正因为大,所以与众不同。如果与众相同的话,早就渺小了。

解析

这一章在文本上有两处订正:第一,中间一句"万物归焉而不知主"中的"知"在通行本中为"为",与上一句相同,似不宜,据傅奕本改;第二,最后的一段"天下皆谓我道大,似不肖。夫唯大,故似不肖。若肖,久矣其细也夫",从通行本的第六十七章移入。因为,在文意上,放在此处更合适。

　　这一章仍然是对"道"的特性进行阐述,采用的写作手法仍是"赋",平铺直叙地进行阐述。一开始强调:"大道泛兮,其可左右。"是说:大道像水泛滥一样,可左可右到处都有。描述了"道"的无处不在性。接着描述:"万物恃之而生而不辞,功成不名有。衣养万物而不为主,可名于小;万物归焉而不知主,可名为大。"万物靠它生长它不推辞,功成名就却不说有。养育万物而不自为主宰,可以说它很渺小;万物归附而不知道谁是主宰,可以说它很伟大。既强调"道"的重要,又强调"道"非常谦逊:不辞、不为主。同时,还说明了"道"的辩证性:既大也小。接下来,进一步强调了谦逊的重要:"以其终不自为大,故能成其大。"正因为它不自以为伟大,所以才能成为伟大。而这正体现了老子的辩证思维:不自以为大才能够成其大;反过来,如果自以为大,就不能成为大,这就是辩证法。后面的文字是从第六十七章移入的,说:"天下皆谓我道大,似不肖。夫唯大,故似不肖。若肖,久矣其细也夫。"天下人都说我道大,似乎与众不同。正因为大,所以与众不同。如果与众相同的话,早就渺小了。阐述了"道"的与众不同:它的"大",是不自以为大的"大",是符合辩证法的"大",所以是真正的"大",所以与众不同。

第三十五章

通行本

> 執大象,天下往。往而不害,安平太。樂與餌,過客止。道之出口,淡乎其無味,視之不足見,聽之不足聞,用之不可既。

订正本

执大象,天下往。往而不害,安平太。乐与饵,过客止。道之出言,淡乎其无味,视之不足见,听之不足闻,用之不可既(尽)。

试译

执守了大道,天下人都向往。向往而不妨害,于是天下太平。音乐与美食,使得行路人为之停住脚步。而"道"说出来,淡得没有味道,看它看不见,听它听不到,但用它却用不尽。

解析

这一章在文本上只有一个字的订正:文中"道之出言"中的"言",通行本为"口",据帛书本改。

这一章同样是对"道"进行描述,采用的写作手法是"赋",平铺直叙地进行描述。一开始描述:"执大象,天下往。往而不害,安平太。"大象就是"大道",有一个词叫"大象无形","大道"正是一种无形无象的东西。这句话是说如果执守了"道",按大道做事,天下人都会向往。而且向往还不妨害,于是天下太平(此处的"安"字为副词,是"于是、乃"的意思)。但是,实际中很多人对"道"不理解、不重视,而只对眼前的东西感兴趣如:"乐与饵,过客止。"音乐与美食,使得行路人为之停住脚步。但是"道"呢?"道之出言,淡乎其无味,视之不足见,听之不足闻","道"说出来,淡得没有味道,看它看不见,听它听不到。这形容"道"是一种无味、无形、无声的东西,所以尝不出味道、看不见、听不到,但是"用之不足既",它的作用是没有穷尽的。此处的"既"是"尽"的意思。《谷梁传》中有"既者,尽也"的说法。

第三十六章

通行本

> 將欲歙之,必固張之;將欲弱之,必固強之;將欲廢之,必固興之;將欲奪之,必固與之;是謂微明。柔弱勝剛強。魚不可脫于淵,國之利器不可以示人。

订正本

将欲翕(xī,合)之,必固(姑)张之;将欲弱之,必固强之;将欲废之,必固举之;将欲夺之,必固与之:是谓微明。

试译

要合起它,必须姑且扩张它;要削弱它,必须姑且加强它;要废除它,必须姑且抬举它;要夺取它,必须姑且给予它:这是微妙的聪明。

解析

这一章的文本有三处订正:第一,第一句"将欲翕之"中的"翕",通行本为"歙",《韩非子·喻老》作"翕"。第二,文中"必故举之"中的"举",通行本为"兴",帛书本为"與","與"古与"举"通,如《礼记·礼运》中的"选贤與能,讲信修睦",其中的"與"字即作"举"解。第三,通行本的最后一段:"柔弱胜刚强。鱼不可脱于渊,国之利器不可以示人",经思考,分别并入第七十六章和第二十六章。

这一章采用的写作手法是"赋",平铺直叙地阐述老子的辩证法。先一连举出四种情况,都含有一个共同的道理。第一种情况是:"将欲翕之,必固张之。"文中的"翕"字是"合"的意思。我们想把一个东西合起来,有两种做法:一是直接合,二是老子提倡的用辩证思维从反面来做的方法,即"必固张之",必须姑且让它先张开,张开到极点以后,它自己就会合起来了,因为"物极必反",这是老子的智慧之所在。同样的思维,第二种情况是:"将欲弱之,必固强之。"要削弱它,必须姑且加强它。第三种情况是:"将欲废之,必固举之。"要废除它,必须姑且抬举它。第四种情况是:"将欲夺之,必固与之。"要夺取它,必须姑且给予它。例如,小孩都喜欢吃糖,如果他手里有一颗糖,你要让他直接给你,通常他是不会给你的。那你可以拿来很多的糖果,先给他,多到他手都拿不下来了,他就不会觉得自己原来的那颗糖多宝贵,你再要的话,他自然就给你了。这样的一种思维方式,老子称为:"是谓微明",是一种很微妙的聪明。很多人根据这一章将老子称为阴谋家,会耍阴谋,其实是他们不了解老子的辩证法。

第三十七章

通行本

道常無為而無不為。侯王若能守之,萬物將自化。化而欲作,吾將鎮之以無名之樸。無名之樸,夫亦將無欲。不欲以靜,天下將自定。

訂正本

道常无为也。侯王若能守之,万物将自化。化而欲作,吾将镇之以无名之朴,夫将知足。知足以静,万物将自定。

试译

"道"永远是无为的。侯王若能持守它,万物(民众)将自动归化。归化了如又想妄动,我就用"无名之朴"镇服它,它就会"知足"。"知足"就会平静,这样万物(民众)将自然安定。

解析

这一章据帛书本有比较大的订正。

这一章是《道经》的最后一章,是用"赋"的手法直接描述"道"的特性和重要性。第一句和第三十二章相同,阐述"道"永远是无为的:"道常无为也"。同样强调"道"的重要性:"侯王若能守之,万物将自化。"侯王若能持守它,万物(民众)将自动归化。但是归化之后是不是会永久这样呢? 一定不会的。"化而欲作",归化之后它一定有自己的想法,有所动作。怎么办呢? "吾将镇之以无名之朴。""无名之朴"指的就是"道",所以还是需要用"道"去将它控制住,不要乱。这样它就"知足":"夫将知足"。而"知足"的结果就是会平静,这样万物(民众)将自然安定:"知足以静,万物将自定"。

第三十八章

通行本

上德不德,是以有德;下德不失德,是以無德。上德無為而無以為;下德為之而有以為。上仁為之而無以為;上義為之而有以為。上禮為之而莫之應,則攘臂而扔之。故失道而後德,失德而後仁,失仁而後義,失義而後禮。夫禮者,忠信之薄,而亂之首。前識者,道之華,而愚之始。是以大丈夫處其厚,不居其薄;處其實,不居其華。故去彼取此。

订正本

上德不德,是以有德;下德不失德,是以无德。上德无为而无以为,上仁为之而无以为,上义为之而有以为。上礼为之而莫之应,则攘臂而扔(拉)之。故失道而后德,失德而后仁,失仁而后义,失义而后礼。夫礼者,忠信之薄,而乱之首。前识者,道之华,而愚之始。是以大丈夫处其厚,不居其薄;处其实,不居其华。故去彼取此。

试译

上德(最高的德)不自以为有德,所以真正有德;下德(低下的德)有意不离德,所以实际无德。上德无为而无意为之,上仁有为而无意为之,上义有为而有意为之。上礼有为而没有人响应时,就伸出臂膀强拉人响应。所以失去了道以后才有德,失去了德以后才有仁,失去了仁以后才有义,失去了义以后才有礼。所谓的礼,是忠信的不足,是混乱的首因。所谓的先见之识,是"道"的虚华,是愚昧的开始。所以大丈夫要淳厚,不要浅薄;要朴实,不要虚华。因此舍弃后者,选取前者。

解析

这一章的文本有一处订正:据帛书本,将"下德无为而有以为"去之。

从这一章开始,进入《道德经》的下部《德经》部分。这一章的文字比较长,但是理解起来,除个别地方外,不算很困难。采用的写作手法和第一章一样,是"赋",平铺直叙地进行论述。文章一开始就强调:"上德不德,是以有德;下德不失德,是以无德。"指出了"上德"和"下德"的区别。怎么区分呢?"上德"(最高的德)不自以为有德,所以真正有德;"下德"(低下的德)有意不离德,所以实际无德。"上德"的这种特性和"道"是一样的,如前文所说:不为始、不有、不恃、弗居,没有任何自己想要得到的私欲。"下德"却反过来,口口声声都称自己有德,甚至以"德"的化身自居,但恰恰不是有德,只能称为"下德",说得更尖刻一点,是无德。下面进一步强调,"上德"还有一个特点"上德无为而无以为"。"无以为"首先是要按照"无为"的原则去做事,同时,事情做完以后就过去了,就像雁过长空、大雪无痕一样,没有目的,不求回报,不留任何痕迹,特别是不把功劳算到自己头上。而有一些人是"有以为",是有心为之,做了之后要把成绩算到自己头上,要别人说他好,表扬他,赞扬他。这就体现了"无以为"和"有以为"的本质差别。接下来进一步分析儒家所提倡的仁、义、礼:"上仁为之而无以为,上义为之而有以为。上礼为之而莫之应,则攘臂而扔之。"上仁有为而无意为之,上义有为而有意为之。上礼有为而没有人响应时,就伸出臂膀强拉人响应。"上仁为之"已经从"无为"变成了"为之":为者,伪也;伪者,人为也。所以老子认为:为就是人为,是按自己的主观想法去做事情,而不是按客观规律、按"道"去做事情。上仁还好一点,虽是有为,但还是无以为。到了义,是为之但同时还"有以为",差

距更大了。到了礼就更差了：没人响应还要强行用手臂去拉人，要人按照礼去做。在老子看来，这些做法都是不符合"道"也不符合"德"的。所以，总结出一个规律："故失道而后德，失德而后仁，失仁而后义，失义而后礼。"这个规律可以说是历史发展的规律。历史的发展是一个辩证的过程，既是进步，同时也是退步。人类社会最早的社会形态是原始社会，第二个阶段是奴隶社会，从历史发展看，奴隶社会应该是进步，可是奴隶社会那么残酷、落后，所以社会的发展既有进步的一面，也有后退的一面，不能简单地批判老子，认为他落后、保守，实际上是老子看到了历史发展的另一面，是我们通常没有看到也不重视的那一面，而这正是老子智慧的体现。接下来，老子特别对礼作了批判："夫礼者，忠信之薄，而乱之首。""礼"这个东西是没有多少忠和信的，而且是导致乱的首要原因。从这里可以看出道家和儒家的巨大区别：儒家把礼看得很重，认为是天之经、地之义，能"定亲疏、决嫌疑、别同异、明是非"（《礼记·曲礼》)，但是老子认为，是"礼"把社会搞乱了，把人分成了三六九等，道家提倡"天地不仁"，一视同仁。老子进一步批判："前识者，道之华，而愚之始。""前识"这个词比较难理解，韩非子解释说："先物行，先理动之谓前识。前识者，无缘而妄意度也。"（《喻老》)在一个事情的前面去行，在一个道理的前面去动，就称为前识。韩非子认为所谓的前识是"无缘而妄意度"，就是既不根据实际情况，也不符合"道"，而是根据他自己的臆度、猜想去作判断，所以老子认为它不是真正的道，而是一种道的虚华，是愚昧的开始。"是以大丈夫处其厚，不居其薄；处其实，不居其华。故去彼取此。"所以大丈夫要淳厚，不要浅薄；要朴实，不要虚华。因此舍弃后者、选取前者。

这一章既然是《德经》的第一章，就可以看作是"德经之纲"，因为它集中地论述了德的特性：无为、无以为，然后论述德是高于仁、义、礼的，最后批判了礼的虚华和愚民的本质，提倡要处实去华。

关于"德"的涵义，可以首先从《说文解字》来看，它由三部分组成：左边是双人旁，右边上面是"直"，下面是"心"。所以德的涵义是：行直心。后来给它赋予了另外一种涵义："德者，得也。""德"就是得到了"道"，是"道"在人身上的表现：有"道"之人就是有"德"。这就决定了"德"的地位："道"是第一位的，"德"是第二位的。"道"除了在人身上有体现称为"德"之外，还有另外一个方面：在事物、事情上也有体现，称为"理"。一个事情有没有道理就是它有没有体现"道"。所以，"德"和"理"处于同一个层次，都是"道"的体现。《管子·心术》中有一段论述："德者，道之舍。物得以生生，知得以职道之精。故德者，得也；得也者，其谓所得以然也。以无为之谓道，舍之之谓德，故道之与德无间，故言之者不别也。间之理者，谓其所以舍也。义者，谓各处其宜也。礼者，因人之情，缘义之理，而为之节文者也。故礼者，谓有理也；理也者，明分以喻义之意也。故礼出乎义，义出乎理，理因乎宜者也。法者所以同出，不得不然者也。故杀僇禁诛以一之也。故事督乎法，法出乎权，权出乎道。道也者，动不见其形，施不见其德，万物皆以得，然莫知其极。"可供参考。其中对"义"的涵义的阐述特别需要体会："义者，谓各处其宜也。"意思是说义就是将事情做得合适。现在一般人都将"义"理解为"义气"，这是一种很大的误解。孔颖达在给《左传·桓公二年》中的"将昭德塞违"作注时说："德者，得也。谓内得于心，外得于物，在心为德，施之为行，德是行之未发者也。"

根据老子关于"道""德""仁""义""礼"对治国的作用，我们可以讨论一下治国的模式问题。笔者认为，古往今来，所有的治国模式都可以归结为"道治""德治"和"法治"三种。毫无疑问，老子主张的是"道治"和"德治"，但更趋向于"道治"。孔子主张的是"德治"，也包括"礼治"。法家主张"法治"，尽管他们主张的"法治"和现代的法治有区别。同时，老子主张的"德治"和孔子主张的"德治"在内涵上不同：老子的"德治"偏向于"道治"，内涵主要是"道"，是以哲学意义为主的"德"；孔子主张的"德治"的内涵主要是仁义，是以伦理意义为主的"德"，而"礼治"在本质上更倾向于"法治"。

人类社会大体上是由"道治"一步步经"德治"向"法治"发展。如原始社会,也称为原始共产主义社会,主张"道治";奴隶社会、封建社会大体是主张"德治";资本主义社会主张"法治"。然后,会继续一步步向"德治"回归,最后回到"道治",就是我们所说的共产主义社会。从理论上讲,社会主义社会是共产主义社会的初级阶段,应该是"德治",但实际情况是,因为我们没有真正经历资本主义社会,所以还没有完善的"法治",于是必须补课,而后才能实现"德治"。笔者认为,我们需要对"法治"有全面的观点:既需要向西方学习"法治",同时也要看到其局限性,还要将中国历史上一些好的"德治"的做法予以继承和发扬,以实现建立在"法治"基础上的"德治",而且更应该好好体会"道治"的内涵,以期进一步向"道治"回归。

第三十九章

通行本

昔之得一者,天得一以清,地得一以寧,神得一以靈,谷得一以盈,萬物得一以生,侯王得一以為天下正。其致之,天無以清將恐裂,地無以寧將恐廢,神無以靈將恐歇,谷無以盈將恐竭,萬物無以生將恐滅,侯王無以貴高將恐蹶。故貴以賤為本,高以下為基。是以侯王自稱孤、寡、不谷。此非以賤為本邪?非乎?故致數輿無輿,不欲琭琭如玉,珞珞如石。

订正本

昔之得一者:天得一以清,地得一以宁,神得一以灵,谷得一以盈,万物得一以生,侯王得一以为天下正。其致之。天无以清将恐裂,地无以宁将恐废,神无以灵将恐歇,谷无以盈将恐竭,万物无以生将恐灭,侯王无以正将恐蹶。故贵以贱为本,高以下为基。人之所恶,唯孤、寡、不谷,而王公以为称。故物或损之而益,或益之而损。古人之所教,我亦教之。"强梁者不得其死",吾将以为教父。是以侯王自称孤、寡、不谷。此非以贱为本邪?非乎?故至誉无誉。不欲琭琭如玉,珞珞如石。

试译

过去凡得到"一"(道)的:天得到"一"就清明,地得到"一"就宁静,神得到"一"就灵验,河谷得到"一"就充盈,万物得到"一"就生长,侯王得到"一"就可成为天下的楷模。这都是"一"导致的结果。天如果不清,要破裂;地如果不宁,要崩塌;神如果不灵,要失信;河谷如果不盈,要枯竭;万物如果不生,要灭绝;侯王如果不正,要亡国。所以贵以贱为根本,高以下为根基。人所厌恶的,就是"孤""寡""不谷",而王公却用作自称。事物有的减损反而增益,有的增益反而减损,古人教给我的,我也教给别人。"强暴的人不得好死",我要把它作为教人的范例。所以侯王自称"孤""寡""不谷"。这不是以贱为本吗?不是吗?所以最高的荣誉是没有荣誉。不愿做华贵的玉,(宁愿做)朴实的石。

解析

　　这一章在文本上有三处订正:第一,中间的一段文字"人之所恶,唯孤、寡、不谷,而王公以为称。故物或损之而益,或益之而损。古人之所教,我亦教之。'强梁者不得其死',吾将以为教父",是从第四十二章移入的。因为这段文字放在第四十二章非常不合适,而放在此处却十分合适。第二,在"人之所教"前加了"古"字,将"侯王得一以为天下贞"中"贞"及"贵高将恐蹶"中"贵高"均订正为"正"。第三,最后的"至誉无誉",通行本为"致数舆无舆"。

　　本章的文字显得很多,但总体上看,还是强调"道"的重要性。采用的写作手法仍是"赋"。一开始,就用一串排比句阐述得到"道"的好处:"昔之得一者:天得一以清,地得一以宁,神得一以灵,谷得一以盈,万物得一以生,侯王得一以为天下正。"文中的"一"就是"道"。前面说过:"道"这个东西,吾不知其名,故字之曰"道",强为之名曰"大"。所以"大""一""朴"都是"道"的别名。意思是说:过去凡得到"一"(道)的:天得到"一"就清明,地得到"一"就宁静,神得到"一"就灵验,河谷得到"一"就充盈,万物得到"一"就生长,侯王得到"一"就可成为天下的楷模。接着,还总结了一句:"其致之。"这些就是因为"道"才产生的。接下来,又从反面进行了论述:"天无以清将恐裂,地无以宁将恐废,神无以灵将恐歇,谷无以盈将恐竭,万物无以生将恐灭,侯王无以正将恐蹶。"天如果不清,要破裂;地如果不宁,要崩塌;神如果不灵,要失信;河谷如果不盈,要枯竭;万物如果不生,要灭绝;侯王如果不正,要亡国。所以这一大段文字都是描述"道"的重要性。下面总结出一个道理:"故贵以贱为本,高以下为基。"所以贵以贱为根本,高以下为根基。是要那些侯王认识到"贱"和"下"的重要,不要高高在上,看不起下面的民众。这是老子用辩证思维对为政者的规劝。"人之所恶,唯孤、寡、不谷,而王公以为称。"人所厌恶的,就是"孤""寡""不谷",而王公却用作自称。"不谷"就是"不善"、不好。谁都不愿意自己成为孤家、寡人、不善的人,但是侯王偏偏用"孤""寡""不谷"称呼自己。为什么呢?因为这些称呼可以用来时时提醒自己,不要真正成了孤家、寡人、不好的人,被民众抛弃,所以要时刻思考怎样得到民众的拥护。老子又进一步由此总结出自然界的普遍规律:"故物或损之而益,或益之而损。"世界上的事情往往是你去减损反而得益,或者你去增加反而减损。这同样是老子的辩证思维。老子强调:"古人之所教,我亦教之。'强梁者不得其死',吾将以为教父。是以侯王自称孤、寡、不谷。"古人教给"我"的,"我"也教给别人。"强暴的人不得好死","我"要把它作为教人的范例。所以侯王自称"孤""寡""不谷"。强调那些很强横的人是不得其死的,就是提醒侯王不要成为一个强梁者。接着,老子问了一句:"此非以贱为本邪?"这种做法不就是以贱为本吗?最后,老子还阐述了一个非常深刻的道理:"故至誉无誉。"所以至高无上的荣誉是没有荣誉。这又是老子的辩证思维。我们一般人看到荣誉就是荣誉,不会把没有荣誉看作是一种至高无上的荣誉。只有懂得"至誉无誉"这个道理的人才是一个真正有智慧的人。如何看待荣誉?就是要超越荣誉,不要把荣誉当成包袱。如果把荣誉当成了包袱,最后的结果一定是让你走向反面。只有时刻提醒自己,不要把荣誉当成荣誉,超越它,超越到极点,全部都看开了、看淡了,那才是至高无上的荣誉,就像"大仁不仁"。所以,老子最后提倡:"不欲琭琭如玉,珞珞如石。"不愿做华贵的玉,却宁愿做卑贱的石。就是说:做人不要图好看,光鲜如玉,要宁可做一个朴实无华的石头。

关于"至誉无誉",何晏在他的《无名论》中有一段论述:"为民所誉,则有名者也;无誉,无名者也。若夫圣人,名无名,誉无誉,谓无名为道,无誉为大。则夫无名者,可以言有名矣,无誉者,可以言有誉矣。"可供体会。

第四十章

通行本

> 上士聞道，勤而行之；中士聞道，若存若亡；下士聞道，大笑之。不笑，不足以為道。故建言有之：明道若昧，進道若退，夷道若纇，上德若谷，大白若辱，廣德若不足，建德若偷，質真若渝，大方無隅，大器晚成，大音希聲，大象無形，道隱無名。夫唯道，善貸且成。

订正本

上士闻道，勤而行之；中士闻道，若存若亡；下士闻道，大笑之。不笑，不足以为道。故建言有之：明道若昧，进道若退，夷道若类（lèi，偏）；上德若谷，广德若不足，建德若偷（疲弱），质德若渝（变）；大白若辱（黑），大方无隅，大器晚成，大音希声，大象无形；道隐（大）无名。夫唯道，善始且善成。

试译

"上士"听见"道"，赶紧实施；"中士"听见"道"，将信将疑；"下士"听见"道"，大加嘲笑。不被嘲笑，不足以为"道"。所以古语说："光明的道好像暗昧，前进的道好像后退，平直的道好像曲折；高尚的德好像低谷，广大的德好像不足，刚健的德好像疲弱，质朴的德好像易变；极大的光明好像黑暗，无限大的方形没有角，最好的人才很晚才取得大的成功，最大的音很少有声相和，最大的物象没有具体的形。"因为"道"大，所以无法命名。只有"道"，才能善于开始而且善于完成。

解析

这一章原本是通行本的第四十一章,由于在文意上、逻辑上较宜于放在通行本的第四十章之前,所以将二者的位置进行了对调。帛书本的篇序就是如此。这一章在文本上有三处订正:一是将"大白若辱"的位置调整到通行本的"大方无隅"前,以求文字的齐整;二是将通行本"质真若渝"中的"真"改为"德",同样是求得文字的齐整,源自刘师培先生的意见(见冯达甫《老子译注》);三是最后一句将通行本的"善贷且成"按帛书本改成"善始且善成"。

这一章采用的写作手法是"赋",平铺直叙地形容不同的人对待"道"的不同态度,并且阐述"道"的辩证性。老子清醒地知道:他描述的这些道理,不可能大家都理解,更不可能都照他的话去做,所以一定有不同的态度。他将士分为三种:上士、中士和下士。顺便讲一下,前不久去世的著名学者,原中国社会科学院哲学研究所的庞朴先生,当年提过一个很重要的观点,"一分为三":世界上很多事情应该是一分为三的,不会只有相互对立的两极,因为到一定程度,对立的两者必须要找到一个合适的情况和平共处(详见《一分为三论》,上海古籍出版社 2003 年版,有兴趣者可参阅)。

可以说,老子是"一分为三"思想的最早阐述者。老子说:"上士闻道,勤而行之;中士闻道,若存若亡;下士闻道,大笑之。""上士"听见"道",赶紧实施;"中士"听见"道",将信将疑;"下士"听见"道",大加嘲笑。而且说:"不笑,不足以为道。"不被嘲笑,就不足以为"道"。然后,老子用古语加以说明。"故建言有之:明道若昧,进道若退,夷道若类;上德若谷,广德若不足,建德若偷,质德若渝;大白若辱,大方无隅,大器晚成,大音希声,大象无形;道隐无名。"这一大段话可以分为三层:一层是描述"道":"明道若昧,进道若退,夷道若类",光明的道好像暗昧,前进的道好像后退,平直的道好像曲折;一层是描述"德":"上德若谷,广德若不足,建德若偷,质德若渝",高尚的"德"好像低谷,广大的"德"好像不足,刚健的"德"好像疲弱,质朴的"德"好像易变;一层是描述事物发展到最大程度时呈现的特性:"大白若辱,大方无隅,大器晚成,大音希声,大象无形",极大的光明好像黑暗,无限大的方形没有角,最好的人才很晚才取得大的成功,最大的音很少有声相和,最大的物象没有具体的形。第二十八章说过:"知其白,守其辱",其中的"辱"就是黑的意思。这几句是非常重要的,需要我们好好体会。"大方无隅",众所周知正方形有四个直角,但是为什么说大方无隅呢?因为当正方形的边长趋向无穷大的时候,就无法看见它的角了,这就叫"大方无隅"。"大器晚成",真正的人才不是很早就能表现出很有能耐,往往是到晚年才能取得大的成功。此处有的版本是"大器免成",意思是:大器不一定非要成功。笔者认为,还是以"大器晚成"为宜,因为已被人们熟知,且很有道理。"大音希声",这让我们回想起第二章所说的"音声相合",音是主动发出的,声是被动听到的,这两者要相和,引起共鸣,才能产生效果。但是当一个人发出的音的强度无限大的时候,你还能听得到吗?你的耳朵都被震聋了,反而就听不到了,这就是"大音希声",后来也被用来形容"天才没有知音"。"大象无形",应该是先有象,后有形(在天成象,在地成形——《易传·系辞》),我们称为形象,可是当"象"大到无穷的时候,就看不到相应的形了。这句话强调的就是,一件事情当它到了极点的时候,一般人是无法理解的,反而觉得是不正常的,甚至觉得是很好笑的了。老子用这一系列的比喻说明,为什么他完全理解这些下士的笑,因为这些人没有见过大世面,不懂得"道"这个大道理。老子将上面古人所说的道理总结为:"道隐无名。"此处的"隐"通"殷",是"大"的意思。这句话的意思是说正因为"道"大,所以无法命名。最后,文章强调:"夫唯道,善始且善成。"只有"道",才能善于开始而且善于完成。我们现在通常说"善始善终",可以比较一下"善始善终"和"善始善成",显然老子的原话更合适,更具有哲理,这再次体现了老子的辩证法的智慧。

第四十一章

通行本

反者道之動,弱者道之用。天下萬物生於有,有生於無。

订正本

反者道之动,弱者道之用。天下万物生于有,有(又)生于无。

试译

向反向变化(或返回原根)是"道"的运动,保持柔弱的态势是"道"的运用。天下的万物既生于"有",又生于"无"。

解析

这一章的文本没有订正,和通行本一致,但在理解上有很大不同。

这一章是《道德经》中最短的一章,但却是非常重要的一章。阐述的是"道"的辩证性,采用的写作手法是"赋"。第一句强调的是:"反者道之动,弱者道之用。"事物向反向变化(或返回原根)是"道"的运动,保持柔弱的态势是"道"的运用。此处的"反"应该包含"向反向变化"和"返回原根"两重涵义。前者指的是"物极必反"。关于这类现象在《道德经》中指出过很多,如第三十六章中的"将欲弱之,必固强之",又如第七十六章的"兵强则灭,木强则折";后者如第十六章所说:"夫物芸芸,各复归其根。"老子认为,这是"道"运动的结果,所以,懂得"道"的人,一定主动将自己保持在柔弱的态势。因为,"物极必反",强大就要走向灭亡,柔软才有发展的前景。第二句阐述:"天下万物生于有,有生于无。"这句话,一般都直接理解为:天下万物都是生于"有"的,而"有"又是生于"无"的。这样理解,从字面上看,是没有问题的,但如果与第一章和第二章阐述的观点相比,就会发现矛盾:前面说"道"是"有"和"无"的辩证统一,同时"有无相生","有"和"无"应该是相伴而生、同时出现的,不应该有先后之分,而且是一种夫妻关系,万物是他们共同的子女。这和"有生于无"的观点就产生了矛盾。而且,我们在第二章的解析中曾指出,"无"是"万物之父","有"是"万物之母",如果此处是"有生于无",那不就等于说母生于父或妻生于夫吗?这显然是不符合逻辑也不符合老子思想的。那么,应该如何理解呢?笔者认为,此处的"有"应该理解为"又",如同《论语》中孔子说自己"十有五而志于学"中的"有",就是"又"的意思。帛书本中多处出现二者通用的情况。所以,"有生于无"就是"又生于无",从而强调的就是:天下万物既生于有,又生于无。这样,就和前面阐述的观点一致,没有矛盾了。竹简本的此章为"天下万物生于又生于亡",对应的现代文本是"天下万物生于有,生于无",可供比较和思考。对此问题,北京大学的张祥龙教授有《有无之辩》一文专门讨论,有兴趣者可参阅。

  宋明理学的创始人周敦颐在他的《太极图说》一书中有一个重要的观点:"无极而太极"。这句话引起了很多争论。笔者认为,这句话就是由老子"有生于无",再加上《道德经》第二十八章通行本中"复归于无极"一句演化而成的。如果澄清了对"有生于无"的理解,同时又对第二十八章的文本进行了订正,那么"无极"就不应该是老子《道德经》中的概念。同时,《庄子》中也没有哲学意义上的"无极"这一概念。《庄子》中有4处出现"无极":《逍遥游》中的"犹河汉而无极也";《大宗师》中的"挠挑无极";《在宥》中的"以游无极之野";《刻意》中的"淡然无极而众美从之"。如果按修订本的《逍遥游》,还有"无极之外复无极也"(见陈鼓应《庄子今注今译》上),

所有这些指的都不是哲学概念,而是指"没有边界"的意思。再看《易传·系辞》中的"易有太极,太极生两仪,两仪生四象,四象生八卦",也没有"无极"二字。因此,"无极而太极"能否看作周敦颐提出的一个"伪命题",能否予以否定,从而结束一些不必要的争论呢? 当然,这只是笔者的一己之见,仅供讨论。

学者常常用"宇宙大爆炸"和"黑洞理论"说明"有生于无",大家可以思考:其能说明"有生于无"吗?

第四十二章

通行本

> 道生一,一生二,二生三,三生萬物。萬物負陰而抱陽,沖氣以為和。人之所惡,唯孤、寡、不穀,而王公以為稱。故物或損之而益,或益之而損。人之所教,我亦教之。強梁者不得其死,吾將以為教父。

订正本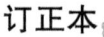

道生一,一生二,二生三,三生万物。万物负阴而抱阳,冲气以为和。

试译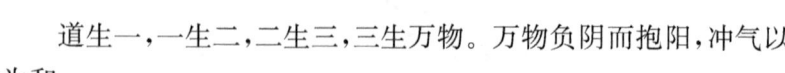

"道"生成一,一生成二,二生成三,三生成万物。万物都背负着阴而怀抱着阳,阴阳相互激荡,形成和谐之气。

解析

这一章的文本在通行本中是第一段,后面还有一段"人之所恶,唯孤、寡、不谷,而王公以为称。故物或损之而益,或益之而损。古人之所教,我亦教之。'强梁者不得其死',吾将以为教父",已将其移至第三十九章,所以剩下的文字非常简单,但非常重要,因为它是《道德经》的核心内容。"道生一,一生二,二生三,三生万物。"和第二十五章中的:"人法地,地法天,天法道,道法自然"是类似的句式:四句话十三个字。如果说"人法地,地法天,天法道,道法自然"阐述的是"道"的规律论,那么,"道生一,一生二,二生三,三生万物"阐述的就是"道"的生成论。此处的"生"指的是"演变""生成",而不是简单、直接的"生育"。

世界上的万物是从哪里来的呢?这是人类,不管是哪个国家、哪个民族最早期都会思考的问题,是一个根本性的问题。对这一问题,不同的民族有不同的回答,所以就形成了不同的文化。如西方哲学,以古希腊为代表,第一个做出回答的是泰拉斯,他认为万物的本源是水。于是,他成了西方的第一个哲学家。后来又有不同的观点认为万物的本源或者是火,或者是气,或者是数,或者是原子等。这就形成了当时古希腊不同的学派。又如,印度学者认为万物的本源是四大元素:地、水、火、风,而这四个元素都是变动不居的,所以万物也都是变动不居的,于是形成了印度哲学的特点:空的哲学。而中国哲学对这个问题的回答,以老子为代表,认为万物的形成不是单独的哪个元素或几种元素,而是一个过程。笔者认为,老子的观点是高于西方哲学和印度哲学的。"道生一,一生二,二生三,三生万物"就阐述了万物生成的这一过程。遗憾的是,其中的"一""二""三"分别代表什么?也许老子所说的这些话的内涵当年众所周知,所以就没有具体交代,可是,时隔两千多年后,我们就无法得知其中的具体内涵了。于是就有了不同的理解、不同的解释。笔者认为,要想准确理解其涵义,还是要从《道德经》的总体思想去理解,不要单就这几个字理解。所以,笔者把"一"理解为阴阳不分时的一种混沌状态。我们的古人认为,天地是怎么来的?是盘古开的天、辟的地。盘古开天辟地之前是什么状况呢?是一个天地未分的混沌状态,如同鸡蛋。然后,盘古用斧头一劈,轻者上升,成了天;重者下沉,成了地。这样,"一"就成为了"二"。但是此处的"二"不是指具象的天和地,而是指中国哲学中的"阴"和"阳",因为这样更具普遍性。"二"生成的"三"是什么呢?笔者认为,此处的"三"不是一个具体的东西,而是一种"阴"和"阳"和谐相处的状态。中国哲学认为,"阴""阳"不是孤立的,"孤阴不生,独阳不长",而是"你中有我、我中有你",相互包含,和谐相处。为什么可以这样理解呢？因为老子在后面留下了这样一句话："万物负阴而抱阳，冲气以为和。"意思是说万物都背负着阴而怀抱着阳，阴阳相互激荡，形成和谐之气。所以他已经间接地交代了这个"三"就是"负阴抱阳"，而这就是一种阴阳共生的和谐状态。这个"负阴抱阳"的形象，笔者认为，是当年老子观察人类的繁衍过程而得出的结论。人怎么繁衍的？是父亲和母亲交合，精子与卵子结合，然后就形成了这种"你中有我、我中有你"的状态，在母亲的体内继续发育，经过十月怀胎，一朝分娩，生下来的一定要是一个活体："冲气以为和"，充满了和谐之气，体现在小孩生下来一定要哭，才表示它是一个有生命的存在；如果它不哭出来，说明它还不是一个生命体。所以笔者推测老子可能是从这种现象总结出这句话的。

还需指出的是，此处的"生"，指的是抽象意义上的生成，是哲学生成论中的概念。生成论是哲学，它不是构成论，构成论是科学。科学研究的是"万物是如何构成"，如分子论、原子论、基本粒子论等。科学不能代替哲学，哲学也不能代替科学。二者各有各的价值，可以相互启迪、互相促进。在20世纪60年代的中国，曾经有过一场著名的关于世界的根本规律是"一分为二"还是"合二为一"的大争论。现在回眸看去，恐怕两者都有片面、简单之嫌。如果按老子的观点，世界的发展变化既有"一"的规律，也有"二"的规律，还有"三"的规律；既有"一"的哲理，也有"二"的哲理，还有"三"的哲理。在中国哲学史上，老子哲学可作为将这三种哲理融为一体的代表，他高度重视"一"，认为"一"就是"道"，故"天得一以清，地得一以宁，神得一以灵，谷得一以盈，万物得一以生，侯王得一以为天下正"（第三十九章），"圣人抱一为天下式"（第二十三章），但他同时又清楚地看到事物的发展变化，物极必反："兵强则灭，木强则折。坚强处下，柔弱处上"（第七十六章），"祸兮，福之所倚，福兮，祸之所伏"（第五十八章），故贵柔、知反，重视事物的转化，体现了"二"的哲学。但"道"的变化，即阴阳之间的变化激荡产生的和谐之气可生出万物，所以又体现了"三"的哲学，即"多"的哲学："一"生出"多"，"一"寓于"多"，"多"涵含"一"，"多"体现"一"。简而言之，就是"一分为三，三生万物，万物一体，复归和谐"。世界是多元的，不能用简单的二分法看待。世界上的万物各行其道，各得其所，多元统一，世界才和谐。今天，多元论、和谐论已得到越来越多的人的认同。

第四十三章

通行本

> 天下之至柔,馳騁天下之至堅。無有人無間,吾是以知無為之有益,不言之教,無為之益,天下希及之。

订正本

天下之至柔,驰骋天下之至坚。无有入无间,吾是以知无为之有益。不言之教,无为之益,天下希及之。

试译

天下最柔弱的东西,能在天下最坚硬的东西中驰骋。无形的东西能进入没有间隙的东西中,所以我认识到无为的有益。不发号施令的教化,不轻举妄为的益处,天下很少人能做得到。

解析

这一章的文本没有订正,和通行本一致。

这一章又是对"道"的作用进行描述,采用的写作手法仍是"赋",平铺直叙地进行描述。"天下之至柔,驰骋天下之至坚",天下最柔软的东西能在天下最坚硬的东西中自由驰骋。这是强调"柔"和"坚"两者的辩证关系。然后进一步强调:"无有入无间,吾是以知无为之有益。"无形的东西可以进入没有间隙的东西中,由此知道"无为"的益处。最后强调:"不言之教,无为之益,天下希及之。"不发号施令的教化,不轻举妄为的益处,天下很少人能做得到。这是老子的感叹之辞:"不言""无为",看起来很简单,但真正要理解、要做到,却是很不容易的,天下能这样做的人太少了。有一点"知音难觅"的况味。

第四十四章

通行本

> 名與身孰親？身與貨孰多？得與亡孰病？是故甚愛必大費，多藏必厚亡，知足不辱，知止不殆，可以長久。

订正本

名与身孰亲？货与身孰多？得与亡孰病？甚爱必大费，多藏必厚亡。故知足不辱，知止不殆，可以长久。

试译

名声与生命哪一个更亲近？财富与生命哪一个更重要？得到名声和财富与丧失生命哪一个更有害？过分的喜爱必然有大的花费，丰厚的收藏必然有大的损失。所以知道满足的不会受到屈辱，知道适可而止的不会遇到危险，从而可以长生久安。

解析

这一章在文本上有几处订正：通行本在"甚爱必大费"之前有"是故"二字，而帛书甲本无，根据文意，以无为宜。同时，根据语气，在"知足不辱"前加了一个"故"字。另将第二句中的"身"和"货"二字的位置对调，以与第一句一致。

这一章论述的是养生，也是人生哲学。一开始，老子通过三个问题让我们进行思考。第一个问题是："名与身孰亲？"名声与生命哪一个对我们更亲近？为什么会首先问这样的问题？因为很多人活在世上，花了很多时间去追求名声。第二个问题是："货与身孰多?"财富与生命哪一个对我们更重要?为什么会接着问这样的问题呢?同样是因为很多人活在世上,也花了很多时间去追求财富。第三个问题是:"得与亡孰病?"得到名声和财富与丧失生命哪一个对我们更有害?通过这三个问题其实是要我们思考:人的身体、人的生命始终是第一位的,至于名声和财富都是身外之物,都是不能和人的身体、生命相提并论的。下面进一步论述:"甚爱必大费,多藏必厚亡。"过分地喜爱必然有大的花费,丰厚的财富收藏必然有大的损失。人都有自己的偏爱,但是一定要掌握分寸,过分的爱就一定会极大地耗费时间、精力和生命,如现在很多中国人都爱搞收藏,其中有一些人是想一夜致富,都想去捡漏,能无意中一下子发大财,所导致的结果往往是花了好多钱却买回来一堆赝品,这就是"甚爱必大费、多藏必厚亡"的一种表现,是对生命的一种浪费。文章最后归结为:"故知足不辱,知止不殆,可以长久。"所以,知道满足的人就不会受到屈辱,知道适可而止的人就不会遇到危险,从而可以长生久安。可见,这一章阐述的道理是有利于养生的。虽然没有讲具体的养生方法,比如吃什么、怎么运动,但对调节人的心态是非常有用的,也是一种有益的人生哲学。

第四十五章

通行本

大成若缺,其用不弊。大盈若冲,其用不穷。大直若屈,大巧若拙,大辩若讷。躁胜寒,静胜热。清静为天下正。

订正本

大成若缺,其用不弊;大盈若冲,其用不穷。大直若屈,大巧若拙,大辩若讷(nè,口吃)。躁胜寒,静胜热,清静为天下正。

试译

大成的"道"像有缺失,它的作用不会止息;大的充实像虚空,它的作用不会穷尽。非常直的像弯曲,非常巧的像拙笨,非常善辩的像结巴。快速运动能战胜寒冷,心态宁静能战胜炎热,清静无为是天下的正道。

解析

这一章的文本没有订正,和通行本一致。

这一章又阐述"道"的作用和辩证思维,采用的写作手法是"赋",平铺直叙地进行阐述。首先阐述:"大成若缺,其用不弊;大盈若冲,其用不穷。"此处的"大成"指的就是"道",因为"道"是集宇宙规律之大成者,虽然具有"大成"的特性,但看起来又像有欠缺,而实际上作用起来不会疲惫、停止;虽然具有"大盈",非常充盈的特性,但看起来又像是虚空的,而实际上发挥的作用不会穷尽。接下来,阐述"道"的这种"相反相成"的特性和世界上的很多现象所具有的辩证特性是一样的,如"大直若屈,大巧若拙,大辩若讷"。文中的"屈"通"曲"。意思是说非常直的东西反而显得像是弯曲的,非常巧的东西反而显得像是很笨拙的,非常善辩的人反而好像是口吃、不会说话的人。我们还有一个通常的说法,叫"大智若愚",真正有智慧的人看起来好像一个愚蠢的人,老子就是这样的人。文章最后又阐述了一个在现实中运用辩证思维的实例:"躁胜寒,静胜热",快速运动能战胜寒冷,心态宁静能战胜炎热。很多人都会有这样的生活体验,如"心静自然凉"。最后一句落实在治国理政上,与开始的"大成之道"形成呼应,表明老子关注的重点仍是政治哲学。

第四十六章

通行本

> 天下有道,卻走馬以糞。天下無道,戎馬生於郊。禍莫大於不知足,咎莫大於欲得。故知足之足,常足矣。

订正本

天下有道,却(退还)走马以粪;天下无道,戎马生于郊。罪莫大于多欲,祸莫大于不知足。故知足之足,常足矣。

试译

天下太平时,将奔走的马用来耕田;天下不太平时,战马在郊野产驹。最大的罪过是贪心,最大的灾祸是不知足。所以知道满足的满足,就会永远满足。

解析

这一章的文本有一处订正:中间的两句,通行本为"祸莫大于不知足;咎莫大于欲得",帛书本为"罪莫大于可欲,祸莫大于不知足",《韩诗外传》引"可欲"为"多欲"。笔者认为,订正后的两句和下句的联系更加紧密。竹简本的顺序也是如此。

这一章阐述的是老子对战争的谴责,采用的写作手法是"赋",平铺直叙地进行阐述。首先指出"天下有道"和"天下无道"时的不同社会场景。"天下有道,却走马以粪;天下无道,戎马生于郊。"文中的"却"是"退回"的意思;"粪"是古代的一种耕种方法。这两句话,明确地表明了老子反对战争的观点,他说:天下有道的时侯,马是干什么的？是在田地里用来耕种的。这是一个社会的太平景象。如果天下无道，所有的马都变成战马了，而且没有任何休息的机会，使得小马都生在战场上，由此可见当时战争的频繁程度。老子当然是坚决反对战争的。接下来，他要追究造成这种状况的原因："罪莫大于多欲，祸莫大于不知足。"最大的罪过是贪心，最大的灾祸是不知足。所有的原因都是因为那些侯王多欲、不知足，总想把别人的东西归为己有，所以才导致了战争的频繁。最后归结出一个道理：人要知足。他在第三十三章就讲过："知足者富"，此处又进一步强调："故知足之足，常足矣"，所以知道满足的满足，就会永远满足。不仅仅是一般的知足，还要知足之足，站在更高的高度，才会永远地知足，永远地满足。这其中的哲理是非常深刻的，值得好好体会。

第四十七章

通行本

不出户,知天下;不窥牖,见天道。其出弥远,其知弥少。是以圣人不行而知,不见而名,不为而成。

订正本

不出户,知天下;不窥牖(yǒu,窗),见天道。其出弥远,其知弥少。是以圣人不行而知,不见而明,不为而成。

试译

不出门口,能知天下;不望窗外,能见天道。出走得越远,知道得越少。所以圣人不用出行就知道,不需看见就明了,不去人为就成功。

解析

这一章的文本有一处订正:将通行本"不见而名"中的"名"改为"明",因《韩非子·喻老》引作"明"。

这一章是人们不太理解,而且经常用来批判老子的一章。实际上,本章阐述的是老子的辩证思维,采用的写作手法是"比",其结构类似于第二章。一开始,就列举了两种情况:"不出户,知天下;不窥牖,见天道。"不要出门就可以知道天下的事,不要看窗外就可以知道天道是什么样子,并总结出一个道理:"其出弥远,其知弥少。"出去得越远,知道的东西反而越少。如果只从字面上看,是不是觉得老子反对我们出去开阔自己的眼界,反对我们去了解实际情况呢?所以人们就批判他,说他是一个主观唯心主义者。但是你有没有看到老子这么说的深层次的原因?老子强调的是:如果一个人的心态不能静下来,在没有把握天道的时候去看外面的花花世界,看得越多人心越乱,了解的事情的本质东西就越少。因此,要想真正看清世界的真相,首先要让自己的心静下来,而不在于是不是要去多看,任何事情都要辩证地看待。当然,老子的这种说法也不能绝对化。老子之所以要这样强调,是因为我们平常人根本就没有看到这一面,只看到事物的表面,以致造成很大的弊端,所以他就特意地强调这一面。我们在实际行动的时候,一定要把这两方面结合起来,才能取得好的结果。接下来,是用上面总结出的道理指导圣人的行为:"是以圣人不行而知,不见而明,不为而成。"所以圣人不用出行就知道,不需看见就明了,不去人为就成功。这是老子强调"道"的重要性,重视"无为"思想的具体表现。

第四十八章

通行本

> 為學日益,為道日損。損之又損,以至於無為。無為而無不為。取天下常以無事,及其有事,不足以取天下。

订正本

为学日益,为道日损。损之又损,以至于无为。无为而无不为。取天下常以无事,及其有事,不足以取天下。

试译

求学,知识要一天天增多;求道,私欲要一天天减少。减少再减少,最终达到"无为"。"无为"就可以"无不为"。治理天下常常是"无事"的,当"有事"时,就不足以治理天下了。

解析

这一章的文本没有订正,和通行本一致。

这一章阐述了老子三个方面的核心思想:为学、为道和为政。采用的写作手法仍是"赋",平铺直叙地进行阐述。首先,阐述的是"为学"和"为道":"为学日益,为道日损。"人活在世上,有两件重要的事情:一个是"为学",一个是"为道"。这两件事情中,"为学",即学习、做学问,其重要性比较容易理解;但"为道",即掌握规律,其重要性却不太为人重视。其实,"为道"是比"为学"更重要的。要取得成就,要成为大师,必须"为道",掌握规律。老子在此强调的是,这两件事情有各自不同的方法:"为学"的方法是"日益",每天都要增加；而"为道"的方法是"日损"，每天都要减少。用通俗的话说，就是"为学"要做加法，增加什么呢？增加知识，每天都要学习自己不知道的东西，这样知识就越来越多，学问就越来越大。而"为道"要做减法，减少什么呢？减少私心杂念。"日损"也可理解为"不断去蔽"，一天天不断去除遮蔽，减少问题的表象，才能够帮助我们抓住事物的内在本质，减少得越多，看得越清楚，把握得越准确，就可一步步逼近真知、逼近真理了。正因为"为道"比"为学"更重要，所以下面进一步强调对"为道日损"的要求："损之又损，以至于无为。无为而无不为"。要一天天减少，减少到最后完全没有个人的想法，达到"无为"，就可以做到"无不为"了。最后，将这个道理用于"为政"，强调"取天下常以无事，及其有事，不足以取天下"。治理天下常常是"无事"的，当"有事"时，就不足以治理天下了。请注意，此处"无事"中的"事"有特定的内涵，就是"征伐、打仗"。"无事"就是不要打仗的意思。《礼记·王制》中有"天子无事，与诸侯相见，曰朝。"郑玄注："事谓征伐。"当时，很多人都想夺取天下，所以老子强调：取天下不是靠打仗，不是靠挑起事端，真正取天下靠"无事"、靠"无为"，等你去挑起事端，打仗了，是不足以取天下的。有一句话"天下本无事，庸人自扰之"，阐述的是同样的道理，值得仔细体会。

　　本章阐述三个方面：做学问、做事情、当官应当遵循的道理和方法，对每一个人都具有很好的启发和借鉴价值。

第四十九章

通行本

> 聖人無常心,以百姓心為心。善者吾善之;不善者吾亦善之,德善。信者吾信之;不信者,吾亦信之,德信。聖人在天下歙歙,為天下渾其心,百姓皆注其耳目,聖人皆孩之。

订正本

圣人常无心,以百姓心为心。善者吾善之;不善者吾亦善之,德善。信者吾信之;不信者吾亦信之,德信。圣人在天下,歙(xī,收敛)歙焉为天下浑其心。百姓皆注其耳目,圣人皆孩之。

试译

圣人是没有自己的愿望的,而以百姓的愿望为愿望。善良的人,我善待他;不善的人,我也善待他,这样就得到了"善",人人都善良了。诚信的人,我信任他;不诚信的人,我也信任他,这样就得到了"信",人人都诚信了。圣人在天下,无思无虑地,让天下人的心浑朴。但百姓都专注于自己的耳目,所以圣人要使百姓都像婴儿般纯真。

解析

这一章的文本有两处订正:一是通行本的第一句为"圣人无常心"订正为"圣人常无心",更符合老子的思想;二是将通行本中的"圣人在天下歙歙,为天下浑其心"订正为"圣人在天下,歙歙焉为天下浑其心"。

这一章阐述圣人的为政方法,采用的写作手法是"赋",平铺直叙地进行阐述。这一章也是很好的一章,特别是第一句话:"圣人常无心,以百姓心为心。"阐述的是圣人为政的原则,强调圣人是没有自己的愿望的,而以百姓的愿望为愿望。圣人是懂得"道"、并按照"道"做事的执政者,他治理天下的一个很重要的原则是:不从自己的愿望出发,想当然地去做事,而是要以老百姓的心作为自己的心,这就是"无心"。仔细体会会发现这是一个很高的要求,不是很容易就可以做到的。接下来,进一步阐述圣人为政的具体态度:"善者吾善之;不善者吾亦善之,德善。信者吾信之;不信者吾亦信之,德信。"善良的人,"我"善待他;不善的人,"我"也善待他,这样就得到了"善",人人都善良了。诚信的人,"我"信任他;不诚信的人,"我"也信任他,这样就得到了"信",人人都诚信了。圣人这样做的目的就是要通过自己的行为、自己的德去感化百姓,这样才能提高整个社会的道德水平。最后,阐述圣人为政的具体做法:"圣人在天下,歙歙焉为天下浑其心。百姓皆注其耳目,圣人皆孩之。"文中的"孩"字在此处作动词用,是作为孩子看待的意思。圣人在天下,无思无虑地,让天下人的心浑朴。但百姓都专注于自己的耳目,所以圣人要使百姓都像婴儿般纯真。

回顾这一章,圣人为政首先是原则,要"无心";其次是态度,以自己的行为去感化所有人;最后是做法,浑其心、孩之。这样,就可以达到第四十八章"取天下常以无事"的目标。

第五十章

通行本

> 出生入死。生之徒,十有三;死之徒,十有三;人之生,動之死地,亦十有三。夫何故?以其生生之厚。蓋聞善攝生者,陸行不遇兕虎,入軍不被甲兵;兕無所投其角,虎無所措其爪,兵無所容其刃。夫何故?以其無死地。

订正本

出生入死。生之徒(一类)十有三;死之徒十有三;人之生,动之死地,亦十有三。夫何故?以其生生之厚。盖闻善摄生者,陆行不遇兕(sì,犀牛)虎,入军不被甲兵;兕无所投其角,虎无所措其爪,兵无所容其刃。夫何故?以其无死地。

试译

出世叫生,入地叫死。走向生的一类占三分之一;走向死的一类占三分之一;想求生却走向死地的也占三分之一。为什么呢?是因为求生的愿望太强。听说善于养生的人,在陆地行走不会遇到犀牛和老虎,在战争中不会遭遇到兵器;犀牛用不上它的角,老虎用不上它的爪,兵器用不上它的刃。为什么呢? 因为他没有导致死亡的地方。

解析

这一章的文本没有订正,和通行本一致。

这一章阐述的是老子的养生观,采用的写作手法是"兴",开头推出四个字,很醒目,给人一种强烈的冲击:"出生入死。"这句话后来变成一个成语,用来表达在枪林弹雨中很容易死去的状况。老子在此处所言却非此,"出"代表生,生命来到世上;"入"代表死,生命结束,进入死亡。所以,"出生入死"代表了人生的一个完整过程。然后分析,尽管我们每一个人在这世上都是一个生命,但是结局很不一样。老子把人的结局分为三类:第一类,"生之徒十有三",能活下来的这一类"十有三",即十分之三,或者说占三分之一,因为当时还没有分数的概念,实际上就是三分之一的意思。第二类,"死之徒十有三",很快死去的这一类也是"十有三",十分之三,也占三分之一。这是由于古代卫生条件不好,所以存活率不高,生下来很快就死了的不少。第三类,"人之生,动之死地,亦十有三。"人生下来活了,但是后来他自己养生不当,死掉了,这一类人也是"十有三",十分之三,也占三分之一。下面进一步分析最后的这一类是什么原因造成的:"夫何故?"归结为:"以其生生之厚。"就是因为他们过分注重养生造成的。实际上,指的就是有权有势的人,他们把老百姓的财物都搜刮为己有,满足他们的欲望,过分追求养生、长生,结果反而死得更快。接下来,老子正面阐述他的养生观:"盖闻善摄生者,陆行不遇兕虎,入军不被甲兵;兕无所投其角,虎无所措其爪,兵无所容其刃。"听说善于养生的人,在陆地行走不会遇到犀牛和老虎,在战争中不会遭遇到兵器;犀牛用不上它的角,老虎用不上它的爪,兵器用不上它的刃。这讲得似乎很玄,老子估计人们都会发出疑问,所以最后给予了解释:"夫何故?以其无死地。"什么缘故呢?因为他没有导致死亡的地方。怎么理解这句话?不是说老子真的有刀枪不入的本事,而是能利用智慧去避开危险。庄子在《秋水》篇里做了解释:"非谓其薄之(而无害)也,言察乎安危,宁于祸福,谨于去就,莫之能害也。"这也是我们读《道德经》的一种方法,就是"以经解经"。因为庄子继承了老子的思想,对老子思想的理解是比较准确的,所以能帮助我们较好地理解《道德经》。

　　本章既阐述了老子的养生观:珍惜生命,用智慧保全自己;同时又对当权者的"生生之厚"进行了谴责。

第五十一章

通行本

> 道生之,德畜之,物形之,勢成之。是以萬物莫不尊道而貴德。道之尊,德之貴,夫莫之命而常自然。故道生之,德畜之。長之育之,亭之毒之,養之覆之。生而不有,為而不恃,長而不宰,是謂玄德。

订正本

道生之,德蓄之,物形之,势成之。是以万物莫不尊道而贵德。道之尊,德之贵,夫莫之命而常自然。故道生之,德蓄之,长之育之,亭(成)之毒(熟)之,养之覆之,生而不有,为而不恃,长而不宰;是谓玄德。

试译

"道"生出万物,"德"蓄养万物,"物"赋形万物,"势"成就万物。所以万物都尊崇"道"而贵重"德"。"道"的尊崇,"德"的贵重,没有人命令而出于自然。所以"道"生出万物,"德"蓄养万物,滋长培育万物,成熟万物,养护万物,生育万物而不占有,推动万物而不让其依赖,做万物的管理者而不自为主宰;这是深厚的"德"。

解析

这一章的文本没有订正,和通行本一致。

这一章阐述"道"和"德"的重要性,同时再一次阐述了"道"的高尚品德。采用的写作手法仍是"赋",平铺直叙地进行阐述。一开始就阐述:"道""德"是万物的成因,所以万物尊贵"道""德":"道生之,德蓄之,物形之,势成之。是以万物莫不尊道而贵德。"意思是:"道"生出万物,"德"蓄养万物,"物"赋形万物,"势"成就万物。所以万物都尊崇"道"而贵重"德"。紧接着强调:"道之尊,德之贵,夫莫之命而常自然。""道""德"的尊贵,不是有人命令,而是自然的结果。最后,再次阐述"道"对万物的作用和"道"具有的高尚品德:"故道生之,德蓄之,长之育之,亭之毒之,养之覆之,生而不有,为而不恃,长而不宰:是谓玄德。"文中的"亭之毒之"解读为"成之熟之"。意思是:虽然"道"生出了万物,"德"蓄养了万物,滋长培育了万物,成熟了万物,养护了万物,但"道""德"对待万物的态度是生育而不占有,推动而不让其依赖,做管理者而不自为主宰,这是一种深厚的"德",也就是第三十八章所说的"上德",值得统治者学习。

第五十二章

通行本

> 天下有始,以為天下母。既得其母,以知其子,既知其子,複守其母,沒身不殆。塞其兌,閉其門,終身不勤。開其兌,濟其事,終身不救。見小曰明,守柔曰強。用其光,複歸其明,無遺身殃,是為習常。

订正本

天下有始,以为天下母。既得其母,以知其子;既知其子,复守其母,没身不殆。塞其兑(同"穴"),闭其门,终身不勤;开其兑,济(jǐ,增加)其事,终身不救。见小曰明,守柔曰强。用其光,复归其明,无遗身殃,是为袭(因)常。

试译

天下万物都是从"道"开始的,"道"就是天下万物的根源。既然认识了"道",就能认识万物;既然认识了万物,就应回守住"道",这样一辈子就没有危险。堵塞耳目孔穴,封闭私欲之门,就终身不会生病;打开了耳目孔穴,增加了战事,就终身不可救药。能察见细小就"明",能持守柔弱就"强"。用见小守柔的睿智之光,回到内在的"明",不给自身留下祸殃,这就叫符合"道"。

解析

这一章的文本只有一个字的订正:将通行本最后一句中的"习"字据帛书本订正为"袭"。

这一章同样是阐述"道"的重要性，采用的写作手法是"赋"，平铺直叙地进行阐述。一开始就指出："天下有始，以为天下母。"天下万物都有一个开始，这个开始就是天下万物的根源，指的就是"道"。接着论述："既得其母，以知其子；既知其子，复守其母，没身不殆。"既然认识了万物的根源，也就是认识了"道"，就能认识万物；既然认识了万物，就应回守住万物的根源——"道"，这样一辈子就没有危险。强调的是要守住"道"，才不会有危险。守住"道"的具体方法是什么呢？就是"塞其兑，闭其门，终身不勤；开其兑，济其事，终身不救。"文中的"兑"字借为"阅"，"阅"古同"穴"（《说文•儿部》段玉裁注），代表人头上的耳、目、口、穴之类。这段话的意思是：堵塞耳目孔穴，封闭私欲之门，这样就终身不会生病；如果打开了耳目孔穴，增加了战事，就终身不可救药。接下来指出："见小曰明，守柔曰强。"察见细小、持守柔弱，就是一种智慧和坚强。最后强调："用其光，复归其明，无遗身殃，是为袭常。"句中的"袭常"二字比较难以理解，"袭"是因袭，按照、遵循、符合的意思；"常"表示规律、"道"。所以这段话的意思是：能用见小守柔的睿智之光，回到内在的"明"，不给自身留下祸殃，这就叫符合"道"。

第五十三章

通行本

使我介然有知,行于大道,唯施是畏。大道甚夷,而民好径。朝甚除,田甚蕪,倉甚虛;服文彩,帶利劍,厭飲食,財貨有餘,是爲誇盜。非道也哉!

订正本

使我介然(坚固貌)有知,行于大道,唯施(yí,同"迤",邪的意思)是畏。大道甚夷,而人好径。朝甚除(去),田甚芜,仓甚虚;服文采,带利剑,厌饮食,财货有余:是谓盗竽。非道也哉!

试译

假使我确实有睿智,就顺着大道走去,就怕走上斜路。大道很平坦,而有些人却好走斜路。朝政非常腐败,田地非常荒芜,仓库非常空虚;却穿着多彩的衣服,佩带着锋利的宝剑,吃够了精美的饮食,财货绰绰有余,这简直是强盗头子。不符合"道"啊!

解析

这一章的文本有两处订正:将"大道甚夷,而民好径"中的"民"改为"人",以与后文相应;"是为诱盗"订正为"是谓盗竽"。

这一章展示了老子的另一面:一般情况下,老子是平心静气地向当权者讲述他的思想、他的辩证思维,但这一章却有一股愤懑之气。开始,老子还是比较平静地阐述自己的观点:"使我介然有知,行于大道,唯施是畏。"文中的"介然"是坚定执著的样子,此处可理解为"确实"。这句话的意思是：假使"我"确实有睿智，就顺着大道走去，就怕走上斜路。接着说出一个现实："大道甚夷，而人好径。"此处的"人"指的是统治者；"大道"既指人走的大路，也指老子哲学中的"大道"。意思是说大道很平坦，而当权者却好走斜路。接下来严厉谴责这些统治者的行为："朝甚除，田甚芜，仓甚虚；服文采，带利剑，厌饮食，财货有余：是谓盗竽。"文中的"朝"指朝政，"除"指停止；"竽"为乐器中的长者、大者，成语"滥竽充数"可以帮我们理解"竽"字，"盗竽"即指强盗头子。这段话的意思是：他们的朝政很腐败，民众的田地很荒芜，国家的仓库很空虚；而他们却穿着多彩的衣服，佩带着锋利的宝剑，吃够了精美的饮食，财货绰绰有余，于是老子称他们简直就是强盗头子。还不止于此，最后老子还加上一句："非道也哉！"你们的做法完全不符合"道"啊！由此可见，老子的愤怒之情是何等强烈，已经到了无法抑制的地步了；也可见，当时能真正听老子这一套的统治者太少了，以致纷纷走向灭亡，真是一种历史的悲哀。

第五十四章

通行本

> 善建者不拔,善抱者不脫,子孫以祭祀不輟。修之於身,其德乃真;修之於家,其德乃餘;修之於鄉,其德乃長;修之於國,其德乃豐;修之於天下,其德乃普。故以身觀身,以家觀家,以鄉觀鄉,以國觀國,以天下觀天下。吾何以知天下然哉?以此。

订正本

善建者不拔,善抱者不脱,子孙以其祭祀,世世不辍(chuò,停)。修之于身,其德乃真;修之于家,其德乃余;修之于乡,其德乃长;修之于国,其德乃丰;修之于天下,其德乃普。故以身观身,以家观家,以乡观乡,以国观国,以天下观天下。吾何以知天下之然哉?以此。

试译

(因为修道,)善于建立的,不可动摇,(因为修道,)善于抱持的,不会脱落,所以子孙们祭祀宗庙,世世不停。用"道"修身,"德"就纯真;用"道"修家,"德"就富余;用"道"修乡,"德"就久长;用"道"修国,"德"就丰厚;用"道"修天下,"德"就普及。因此可以根据人的修道情况观察这人,根据家的修道情况观察这家,根据乡的修道情况观察这乡,根据国的修道情况观察这国,根据天下的修道情况观察天下。我何以知道天下的情况呢?就是用这种方法。

解析

这一章的文本有两处订正:一是通行本的第一句为"子孙以祭

祀不辍",今据《韩非子·喻老》改;二是在最后一句中加了一个"之"字。

  本章阐述"修道"的重要性。一开始就阐述:"善建者不拔,善抱者不脱,子孙以其祭祀,世世不辍。"意思是:(因为修道,)善于建立的,不可动摇,(因为修道,)善于抱持的,不会脱落,所以子孙们祭祀宗庙,世世不停。接下来阐述:"修之于身,其德乃真;修之于家,其德乃余;修之于乡,其德乃长;修之于国,其德乃丰;修之于天下,其德乃普。"用"道"修身,"德"就纯真;用"道"修家,"德"就富余;用"道"修乡,"德"就久长;用"道"修国,"德"就丰厚;用"道"修天下,"德"就普及。因为以"道"修"德",所以"德"就在"身""家""乡""国""天下"上分别表现为"真""余""长""丰""普",从而使得个人、家庭、社会乃至天下都和谐兴旺。最后,论述根据"道"的修治情况去"观身""观家""观乡""观国""观天下"这种方法的重要性:就可以知道天下的情况。"故以身观身,以家观家,以乡观乡,以国观国,以天下观天下。吾何以知天下之然哉?以此。"因此可以根据人的修道情况观察这人,根据家的修道情况观察这家,根据乡的修道情况观察这乡,根据国的修道情况观察这国,根据天下的修道情况观察天下。我何以知道天下的情况呢? 就是用这种方法。由此可以看出"道"和"德"的重要性。

第五十五章

通行本

> 含德之厚,比於赤子。毒蟲不螫,猛獸不據,攫鳥不搏。骨弱筋柔而握固。未知牝牡之合而朘作,精之至也。終日號而不嗄,和之至也。知和曰常,知常曰明。益生曰祥。心使氣曰強。物壯則老,謂之不道,不道早已。

订正本

含德之厚,比于赤子。毒虫不螫(zhē,叮),猛兽不据,攫鸟不搏。骨弱筋柔而握固,未知牝牡之合而朘(zuī,男子生殖器)作,精之至也。终日号而不嗄(嘶哑),和之至也。知和曰常,知常曰明。益生曰祥,心使气曰强。

试译

含德深厚的人,好比初生的婴儿。毒虫不刺他,猛兽不扑他,恶鸟不抓他。他虽然骨弱筋柔但握持牢固,他不知男女交合但生殖器能勃起,是因为有充足的精气。他整天号哭但嗓子不哑,是因为有充沛的和气。认识"和"叫"常",认识"常"叫"明"。过分养生是"不祥",随心使气是"逞强"。

解析

这一章的文本有一处订正:通行本最后还有一段文字:"强壮则老,是谓不道,不道早已。"已见于第三十章,同时王弼在第三十章有注,而此章无注,故以去之为宜(据马叙伦观点)。

本章阐述"含德之厚"的人的特性，采用的写作手法是"赋"，平铺直叙地进行阐述。一开始将"含德之厚"的人做了一个比喻，像赤子："含德之厚，比于赤子。"有很深厚道德的人，就好像刚生下来的小孩。为什么把生下来的小孩称为"赤子"呢？因为小孩刚生下时浑身通红。现在有一个说法叫"海外赤子"，是说华侨对祖国始终怀念，有一颗赤子之心。接下来对"赤子"的特点作了描述："毒虫不螫，猛兽不据，攫鸟不搏。骨弱筋柔而握固，未知牝牡之合而朘作，精之至也。终日号而不嗄，和之至也。"文中"牝牡之合"是男女的交合。这段话的意思是：对刚生下的赤子，毒虫不会刺他，猛兽不会扑他，恶鸟不会抓他。他虽然骨弱筋柔但握持牢固，他不知男女交合但生殖器能勃起，是因为有充足的精气。他整天号哭但嗓子不哑，是因为有充沛的和气。强调了"精"和"和"的重要。最后，再次强调"知和"的重要性："知和曰常，知常曰明。益生曰祥，心使气曰强。"意思是：要认识"和"，这就是"常"，是一种规律；而认识"常"，认识规律，就叫"明"，是一种智慧、聪明。反过来，如果不遵循规律，过分养生就是"不祥"，随心使气就是"逞强"，这是没有好结果的。文中的"祥"解作"不祥"，是"训诂"中的"反训"。

老子非常欣赏赤子(初生的婴儿)的纯真和生命力，因此在《道德经》中多处提到类似的主张，如"如婴儿之未孩"(第二十章)、"复归于婴儿"(第二十八章)、"圣人皆孩之"(第四十九章)。这也是"返朴归真"思想的体现。儒家的孟子也说："大人者，不失其赤子之心者也。"(《离娄》下)所以，儒家和道家在这一点上是相通的。

第五十六章

通行本

> 知者不言,言者不知。塞其兑,閉其門,挫其銳,解其分,和其光,同其塵,是謂玄同。故不可得而親,不可得而疏;不可得而利,不可得而害;不可得而貴,不可得而賤。故為天下貴。

订正本

知者不言,言者不知。塞其兑(同"穴"),闭其门;挫其锐,解其纷;和其光,同其尘:是谓玄同。故不可得而亲,不可得而疏;不可得而利,不可得而害;不可得而贵,不可得而贱。故为天下贵。

试译

聪明的人不发号施令,发号施令的人不聪明。堵塞孔穴,封闭门户;挫掉锋芒,消解纷争;调和光耀,混同于尘垢:这就是深奥的大同境界(就是"道")。所以,(对"道")不可能(让它只对你)亲近,不可能(让它只对别人)疏远,不可能(让它只对你)加利,不可能(让它只对别人)伤害;不可能(让它)尊贵,不可能(让它)低贱。所以被天下尊贵。

解析

这一章的文本没有订正,和通行本一致。

老子在第二章中曾提出:"是以圣人处无为之事,行不言之教",这一章就是对如何"行不言之教"的具体论述。所采用的写作手法是"赋",平铺直叙地进行论述。一开始就论述:"知者不言,言者不知。"请注意,《道德经》中的"不言"都是指"不发号施令",所以这句话的意思是说:聪明的人不发号施令,发号施令的人不聪明。接下来论述如何"行不言之教":"塞其兑,闭其门;挫其锐,解其纷;和其光,同其尘;是谓玄同。"意思是说堵塞孔窍,封闭门户;挫掉锋芒,消解纷争;调和光耀,混同于尘垢;从而达到"玄同",即深奥的大同境界,其实就是"道"的境界。我们经常说"挫锐解纷""和光同尘",前者指的是做人不要锋芒太露;后者指的是不要太突出自己。因为"道"是一种很平淡无味的东西,不显山露水,不突出自己,所以,做到了塞兑闭门、挫锐解纷、和光同尘,就达到了"道"的境界。最后一段话论述的是:正因为"道"的这种不显山露水、不突出自己、一视同仁的特性,所以被天下视为尊贵。"故不可得而亲,不可得而疏;不可得而利,不可得而害;不可得而贵,不可得而贱。故为天下贵。"所以,对"道",不可能让它只对你亲近,不可能让它只对别人疏远;不可能让它只对你加利,不可能让它只对别人伤害;不可能让它尊贵,不可能让它低贱。所以才被天下视为最尊贵的东西。此处所论述的"道"的这种特性,和第五章中所说的"大仁不仁"类似,说明"道"是天下之公器,对每个人都一样,绝对不会只为少数人所用。

　　介绍白居易的一首诗:"言者不如知者默,此语吾闻于老君。若道老君是知者,缘何自著五千文?"就是针对本章开头的两句话"知者不言,言者不知"而发的。请大家体会白居易的观点有无道理?

第五十七章

通行本

以正治國,以奇用兵,以無事取天下。吾何以知其然哉?以此。天下多忌諱,而民彌貧;民多利器,國家滋昏;人多伎巧,奇物滋起;法令滋彰,盜賊多有。故聖人云:"我無為而民自化,我好靜而民自正,我無事而民自富,我無欲而民自樸。"

订正本

以正治国,以奇用兵,以无事取天下。吾何以知其然哉?以此:天下多忌讳,而民弥贫;民多利器,国家滋昏;人多技巧,奇物滋起;法令滋彰,盗贼多有。故圣人云:"我无为而民自化;我好静而民自正;我无事而民自富;我无欲而民自朴。"

试译

以正直的方法治国,以出奇的方法用兵,以无事的方法得到天下。我怎么知道是这样的呢?根据在于:天下禁令越多,民众越贫;民间武器越多,国家越乱;人们技艺越巧,奇物越出;法令越是周密,盗贼越多。所以圣人说:"我无为,民众自然顺化;我好静,民众自然端正;我无事,民众自然富足;我无欲,民众自然淳朴。"

解析

这一章的文本没有订正,和通行本一致。

这一章非常重要,特别是刚开始的这三句话,集中阐述了老子的为政思想,所采用的写作手法是"兴"。一开始就直截了当地提出了老子治国的"三原则"："以正治国，以奇用兵，以无事取天下。"以正直的方法治国，以出奇的方法用兵，以无事的方法得到天下。我们读到第一句话："以正治国"，表面上看和孔子的为政思想很一致，因为孔子在《论语》中说过："政者，正也。"(《颜渊》)但是老子提出的"以正治国"的真正内涵是按照"道"治国，实际上强调的是：道法自然、无为而治，而孔子强调的是任用正直的人治国。有一个问题值得思考：为什么第二句要说"以奇用兵"？因为当年经常打仗，不管是主动，还是被动，当权者必须要会打仗。请注意，第三句中的"无事"正如第四十八章所强调的，是指不征伐、不打仗，这再次表达了老子的反战思想。老子此处强调："用兵"和"治国"这两者是有不同的规律的。"治国"要"以正治国"，"用兵"要"以奇用兵"。说明"道"不是千篇一律的，一定是不同的事情有不同的"道"。"治国"有治国之道，"用兵"有用兵之道，绝对不能把这两者混为一谈，甚至错误地应用。接下来分析为什么要这样："吾何以知其然哉？以此：天下多忌讳，而民弥贫；民多利器，国家滋昏；人多技巧，奇物滋起；法令滋彰，盗贼多有。""我"怎么知道是这样的呢？根据在于：天下禁令越多，民众越贫；民间武器越多，国家越乱；人们技艺越巧，奇物越出；法令越是周密，盗贼越多。特别是后面这句话需要我们仔细体会：当一个国家的法律越多的时候，盗贼反而越多。这也是辩证法，任何事情都有两面。所以国家的法律不能太繁琐，应该简明扼要，让民众易于遵循。最后，老子从正面提出了他的"治国四原则"："我无为而民自化，我好静而民自正，我无事而民自富，我无欲而民自朴。"这四句话非常清晰地体现了老子道法自然、无为而治的治国思想，也鲜明地体现了他的辩证思维，值得好好体会。同样，此处的"无事"意指不打仗，这样民众自然就富裕了。

第五十八章

通行本

> 其政悶悶,其民淳淳;其政察察,其民缺缺。禍兮,福之所倚;福兮,禍之所伏。孰知其極?其無正。正複為奇,善複為妖。人之迷,其日固久。是以聖人方而不割,廉而不劌,直而不肆,光而不耀。

订正本

其政闷闷,其民淳淳;其政察察,其民缺缺。祸兮,福之所倚;福兮,祸之所伏。孰知其极?其无正。正复为奇,善复为妖,人之迷其日固久矣。是以圣人方而不割,廉而不刿(guì,刺伤),直而不肆,光而不耀。

试译

政治宽容,民众就淳朴;政治苛刻,民众就狡猾。灾祸啊,幸福就在你身边靠;幸福啊,灾祸就在你身边藏。怎样知道它的终极原因呢?它没有定准。正常可以变成奇异,善良可以变成妖恶,人们的迷惑已经很久了!所以圣人方正而不割破人,清廉而不伤害人,直率而不放肆,光明而不耀眼。

解析

这一章的文本没有订正,和通行本一致。

这一章集中论述老子的辩证思维,并将其用于为政,所采用的写作手法是"赋",平铺直叙地进行论述。一开始就论述为政的两种情况:"其政闷闷,其民淳淳;其政察察,其民缺缺。"政治宽容,民众就淳朴;政治苛刻,民众就狡猾。通过对比,老子提倡的当然是前者。接下来,老子提醒统治者,一定要具有辩证思维,否则灾祸就会降临:"祸兮,福之所倚;福兮,祸之所伏。"这两句话我们非常熟悉,阐述的是"祸"和"福"的辩证关系。这是老子的辩证思维,实际上也是他的一种为政思想,强调:如果为政者创造一个比较宽松的环境,表面上看来不太好,显示不出他的权威,但民众会变得淳朴,却是一种最大的好事;如果为政者精明,表面上看来是好,显示出他的能力,但民众就会变得非常狡猾,却是最大的坏事。所以老子指出,任何事情都有两面性,我们看到祸的时候,不要光看表面上的祸,还要看后面的、内在的"祸,福之所倚";看到福的时候,同样要看它内在的这种"福,祸之所伏"。然后,老子问了一句:"孰知其极?"怎么能够知道它的终极原因呢? 回答是:"其无正。"它没有定准。下面又继续论述这种没有定准的具体表现:"正复为奇,善复为妖。"正常可以变成奇异,善良可以变成妖恶。而且"人之迷其日固久矣",人们的迷惑已经很久了,看不清楚。此处的"人"是指当权者、统治者,他们不懂得辩证思维,所以为政的效果很差,民众也遭罪。最后,老子从正面提出一种为政的原则:"是以圣人方而不割,廉而不刿,直而不肆,光而不耀。"强调:懂得"道"的圣人自身要方正但不割破人,自身清廉但不伤害人,自身直率但不放肆,光亮而不耀眼。最后的一句"光而不耀"非常值得体味:有光芒但是不应该刺眼;如果刺眼了,就会物极必反,别人就不习惯,弄得他看不清楚眼前的景象。现在有的汽车安装了一种非常亮的车灯,晚上一开,虽然自己看得很清楚,但对方却被照得什么都看不见了,这就会造成非常严重的后果。由"方而不割"我们可以想到中国古代铜钱的形状:外圆内方。为什么古人要设计成这样一种形状?这里有一种文化内涵,有一种哲学的思想指导:内方代表内心有准则、原则,外圆代表和别人打交道时要有灵活性,不能伤害人,把原则性和灵活性辩证地统一起来,这就是老子提出的为政方法的根本指导思想。

关于"祸兮,福之所倚;福兮,祸之所伏",韩非子在他的《解老》中对其中的道理做了进一步论述:"人有祸则心畏恐,心畏恐则行端直,行端直则思虑熟,思虑熟则得事理。行端直则无祸害,无祸害则尽天年,得事理则必成功。尽天年则全而寿,必成功则富与贵,全寿富贵之谓福。而福本于有祸,故曰:'祸兮福之所倚。'以成其功也。人有福则富贵至,富贵至则衣食美,衣食美则骄心生,骄心生则行邪僻而动弃理。行邪僻则身死夭,动弃理则无成功。夫内有死夭之难,而外无成功之名者,大祸也。而祸本生于有福,故曰:'福兮祸之所伏。'"

此外,还有一个我们非常熟悉的典故"塞翁失马,焉知非福",非常形象地阐述了其中的道理,可以帮助我们理解"祸福相依"的道理。其出自《淮南子·人间训》:"近塞上之人,有善术者,马无故亡而入胡。人皆吊之。其父曰:'遽不为福焉?'居数月,其马将胡骏马而归。人皆贺之。其父曰:'此何遽(jù)不能为祸焉?'家富良马,其子好骑,堕而折其髀(bì)。人皆吊之。其父曰:'此何遽不为福耶?'居一年,胡人大入塞,丁壮者引弦而战。近塞之人,死者十九。此独以跛之故,父子相保。故福之为祸,祸之为福,化不可极,深不可测也。"

第五十九章

通行本

> 治人事天,莫若嗇。夫唯嗇,是謂早服;早服謂之重積德;重積德則無不克,無不克則莫知其極;莫知其極,可以有國;有國之母,可以長久。是謂深根固柢,長生久視之道。

订正本

治人事天,莫若嗇。夫唯嗇,是以早服于道;早服于道,谓之重积德。重积德则无不克;无不克则莫知其极;莫知其极,可以有国;有国之母,可以长久。是谓深根固柢、长生久视之道。

试译

治理国家,事奉上天,没有比"嗇"(珍惜)更好的。正是因为"嗇"(珍惜),所以要早遵循"道";早遵循"道",就是要重视积德。重视积德就无往不克;无往不克就无法知道它的功底;无法知道它的功底,就可以执掌国家;掌握了治国的根本,就可以长治久安。这就是能深扎根基、固牢本原、长期生存、持久统治的道理。

解析

这一章的文本有两处订正:通行本是"夫唯嗇,是以早服;早服谓之重积德",根据文意,在两个"早服"后均增加了"于道"二字,其借鉴于韩非子的《解老》:"夫能嗇也,是从于道而服于理者也。……圣人……服从于道理,以称早服。"

这一章阐述治国的根本:珍惜"道"、遵循"道"。其写作手法类似于"兴",一开始推出几个字,给人留下一个很深刻的印象:"治人事天,莫若啬"。此处的"啬"如何理解?韩非子在《解老》中说:"啬之者,爱其精神,啬其智识也。"高亨说:"此啬字谓收藏其神形而不用,以归于无为也"(见冯达甫《老子译注》)。笔者认为,仔细体会下文,以"珍惜"释之为宜。所以,这句话可以理解为:治理国家,事奉上天,没有比"啬"(珍惜)更好的。但是,珍惜什么呢?当然应该珍惜"道"。于是,下面就论述:"夫唯啬,是以早服于道;早服于道,谓之重积德。"正是因为珍惜,所以要早遵循"道";早遵循"道",就是要重视积德。这样,就将治国和"道""德"联系了起来。接下来,继续论述重视"道""德"如何能达到持久的统治:"重积德则无不克;无不克则莫知其极;莫知其极,可以有国;有国之母,可以长久。"重视积德就无往不克;无往不克就无法知道它的功底;无法知道它的功底,就可以执掌国家;掌握了治国的根本,就可以长治久安。最后,老子将其称为能深扎根基、固牢本原、长期生存、持久统治的道理:"是谓深根固柢、长生久视之道。"

关于将"啬"理解为"珍惜",还可以作进一步的讨论:"珍惜"应该作为一个美德予以重视。人,一般都有一个共有的弱点:不珍惜已有的东西。一个东西,当你拥有它时,一般情况下,你不会感到它的宝贵,而一旦失去它时,或者你原本没有而希望得到它时,才会认识到它的宝贵。从哲学的观点看则是"有"的价值只有相对于"无"才能呈现。所以,西方有一个很好的节日——感恩节,提醒人们要学会珍惜,学会感恩。"道"的作用正是让人认识到"无"的重要,从而让人正确认识"有",学会珍惜,懂得珍惜。这个道理无论对国家,对个人,还是对人类都是十分有益的。

第六十章

通行本

治大國，若烹小鮮。以道蒞（lì治理）天下，其鬼不神；非其鬼不神，其神不傷人；非其神不傷人，聖人亦不傷人。夫兩不相傷，故德交歸焉。

訂正本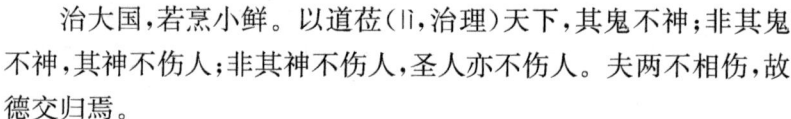

治大国，若烹小鲜。以道蒞（lì，治理）天下，其鬼不神；非其鬼不神，其神不伤人；非其神不伤人，圣人亦不伤人。夫两不相伤，故德交归焉。

试译

治理大国就像烹饪小鱼。用"道"治理天下，鬼就不作怪了；不是鬼不作怪，而是鬼的作怪伤害不了民众；不是鬼的作怪伤害不了民众，而是圣人根本不会伤害民众。这样，鬼和圣人都不伤害民众，所以他们的功德就交相归于民众了。

解析

这一章的文本没有订正，和通行本一致。

这一章的写作和第五十九章类似，采用"兴"的手法。一开始推出几个字，给人留下深刻的印象："治大国，若烹小鲜。"治理一个大国好像烹饪小鲜一样。这句话现在经常被人引用。如何理解这句话？关键在于正确理解"小鲜"。首先，"鲜"代表什么？我们知道，鲜由两个字组成："鱼"和"羊"，在古代，鱼和羊被看作鲜美食物的象征,鱼代表南方的美味,羊代表北方的美味。但在此处,小鲜应该代表小鱼而不是小羊,因为烹饪小鱼,看起来简单但实际上很难,需要很高的技巧,需要掌握一定的原则。要把小鱼做成一道美味的菜,需要掌握什么原则呢?第一,火不能太大,如果火太大,鱼又很小,很容易就把它烧焦了。第二,要有耐心,不能随意翻动,不到一定的程度就翻动,鱼肉易碎,看不出鱼的形状。而这两条原则恰恰是治理一个大国必须要掌握、要注意、要遵循的。为什么老子强调的是"治大国,若烹小鲜"而不是说"治小国,若烹小鲜"呢?因为大国面积大、人口多,在古代通讯条件比较差的情况下,国家的政策要从上贯彻到下,需要相当长的时间,所以必须具有足够的耐心,要掌握好火候,掌握好时机,不能瞎折腾。这是治理大国的一个基本原则,必须遵循,否则一定会产生严重后果。前几年,党中央在总结过去一段时间的经验教训时,将其归结为不要"折腾",是很有意义的。接下来,老子阐述:"以道莅天下,其鬼不神;非其鬼不神,其神不伤人;非其神不伤人,圣人亦不伤人。夫两不相伤,故德交归焉。"这段话理解起来有一定的难度,意思是说:如果用"道"治理天下,那么就会使得鬼都不作怪了;不是说鬼不作怪了,而是说鬼的作怪伤害不了民众;不是鬼的作怪伤害不了民众,而是圣人根本不会伤害民众。这段话的意思是强调"道"的作用高于鬼,最重要的是要按照"道"治理国家。圣人用"道"治国,就不需要鬼来帮忙了,而圣人是不会伤害民众的。圣人和鬼都不伤害民众,他们的功德就交相归于民众,民众就会得到最大的好处了:"夫两不相伤,故德交归焉。"所以,这一章强调的就是:要按照"道"的原则治理国家,特别是治理大国,要注意不要瞎折腾。

第六十一章

通行本

> 大國者下流，天下之交，天下之牝，牝常以靜勝牡，以靜為下。故大國以下小國，則取小國；小國以下大國，則取大國。故或下以取，或下而取。大國不過欲兼畜人，小國不過欲入事人。夫兩者各得其所欲，大者宜為下。

订正本

大邦者下流，天下之交，天下之牝也。牝常以静胜牡，以静为下。故大邦以下小邦，则取小邦；小邦以下大邦，则取大邦。故或下以取，或下而取。大邦不过欲兼畜人，小邦不过欲入事人。夫两者各得其所欲，大者宜为下。

试译

大国居于下流，就能让天下归附，成为天下的雌性。雌性常常以安静胜过雄性，因为它安静而谦下。所以大国对小国谦下，就可取得小国的放心归附；小国对大国谦下，就可取得大国的真心保护。所以有的用谦下取得放心归附，有的因谦下而取得真心保护。大国不过是想兼养小国，小国不过是想事奉大国。两者都得到了所想要的，但大国尤其应当注重谦下。

解析

这一章的文本采用的是帛书本，和通行本基本相同，只有"国"和"邦"的不同，因当时还未避刘邦的讳。

这一章阐述国家之间交往应注意的事项：谦下，所采用的写作手法是"兴"。一开始就强调："大邦者下流，天下之交，天下之牝也。"是说大国在跟别的国家打交道的时候，要主动地采取谦下的态度，把自己定在低下的位置，就是"大邦者下流"，这样就能让天下归附。老子将这样一种姿态称为"天下之牝"。我们前面解释过，"牝"和"牡"相对，代表雌性，雌性代表温柔安静。所以下面说明："牝常以静胜牡，以静为下。"雌性常常以安静胜过雄性，就因为它安静而谦下。这就是它能够得到其他人拥护、归附的根本原因。这再一次表明老子思想有母系社会遗存的特征。接下来，进一步论述："故大邦以下小邦，则取小邦"。大国把自己的位置摆在小国的下面，就会取得小邦的拥戴、拥护，放心地归附它。同时，又强调："小邦以下大邦，则取大邦。"小国也要把自己的位置定在大国之下，对大国谦下，就能取得大国的真心保护。两者都采取这种谦下态度的目的是："故或下以取，或下而取。"或者是大国因为自己的谦下取得小国的拥戴，放心归附；或者是小国因为自己的谦下取得大国的真心保护。这样两者都达到了自己的目的，于是国家之间的关系就和谐了，因为"大邦不过欲兼畜人，小邦不过欲入事人。"大国的目的不过就是要去兼养小国，小国的目的不过就是要取得大国的保护，所以"两者各得其所欲"，大国小国都达到了自己所想达到的目的。但是，老子强调："大者宜为下。"大国尤其应当注重谦下。这是关键，如果大国做不到这一点，就不可能处理好跟邻国的关系。值得指出的是，这个原则不仅仅在处理国家和国家之间的关系中适用，而且对我们个人在和别人打交道的时候也适用。因为人和人是不一样的，有的人具有多一些优势，如天资比较聪明，或者家庭背景比较好，无形中就觉得自己了不起，甚至盛气凌人，就很难处理好和他人的关系。如果能够主动地把自己的姿态放低一点，尊重别人，特别是尊重不如自己的人，就能把人和人之间的关系处理好。所以，谦下不仅是一种美德，同时也是一种重要的能力和方法。

第六十二章

通行本

> 道者萬物之奧。善人之寶,不善人之所保。美言可以市尊,美行可以加人。人之不善,何棄之有?故立天子,置三公,雖有拱璧以先駟馬,不如坐進此道。古之所以貴此道者何?不曰以求得,有罪以免邪?故為天下貴。

订正本

道者,万物之奥,善人之宝,不善人之所保。美言可以市尊,美行可以加人。人之不善,何弃之有?故立天子,置三公,虽有拱璧以先驷马,不如坐进此道。古之所以贵此道者何?不曰有求以得,有罪以免邪?故为天下贵。

试译

"道"是万物的奥妙,是善人的法宝,也是不善的人所需要保有的。美的言辞可以换来尊敬,美的行为可以见重于人。有的人虽然不善,为何要把他抛弃呢?所以拥立天子,设置大臣,虽然有拱璧在先、驷马在后的排场,不如静心修"道"并有所长进。自古以来为什么贵重"道"呢?不就是因为有求可以得到、有罪可以免除吗?所以"道"就被天下贵重。

解析

这一章的文本只有一处订正:将通行本最后的"以求得"改为"有求以得"。

这一章是对"道"进行论述,采用的写作手法是"赋",平铺直叙地进行论述。一开始就对"道"的性质和作用作了描述:"道者,万物之奥,善人之宝,不善人之所保。""道"是万物的奥妙,是好的人的法宝,也是不好的人所需要保有的法宝。所以不管是对好的人还是不好的人,"道"都是头等重要的东西。下面接着论述"道"的重要性:"美言可以市尊,美行可以加人。"。如果遵循"道",说出来的话就是美言,做出来的事就是美行;而美言的作用是可以换来尊敬,美行的作用是可以增加人的分量,见重于人。接下来,进一步论述统治者该如何对待"道":"人之不善,何弃之有?故立天子,置三公,虽有拱璧以先驷马,不如坐进此道。"如果有的人不好,是不是能简单地将他抛弃掉算了?当然不行。因为"道"是不善人之所保,对于不好的人可以也应该用"道"让他所保,受到感化变好,他也应该有他生存的权利。那么怎么样能处理好和这些不好的人的关系呢?很自然,就有了国家这种形式,对这些人进行管理。国家要立天子,置三公("三公"有多种说法,此处以"太师、太傅、太保"为宜),这是形式上的需要。有了天子、三公,就有了相应的礼节,如"有拱璧以先驷马",拱璧是当时代表地位的圆拱形的玉璧,驷马是用四匹马拉的车子,天子甚至要用四匹颜色一样的马以显示他们的高贵。但这不是最重要的,所以老子强调:"不如坐进此道。"这句话很多学者的解释都不一样。笔者认为,这句话是要强调"道"的重要性,所以可以理解为:不如静心修"道"并有所长进。最后,老子又反问了一句:"古之所以贵此道者何?不曰有求以得,有罪以免邪?故为天下贵。"自古以来为什么贵重"道"呢?不就是因为有求可以得到、有罪可以免除吗?所以"道"就被天下所贵重。本章重点强调的是:统治者必须遵循"道"治理国家,并且对不好的人要用"道"去感化,不能简单地抛弃,更不能只看重自己的地位、排场。

第六十三章

通行本

為無為,事無事,味無味。大小,多少,報怨以德。圖難於其易,為大於其細。天下難事必作于易,天下大事必作於細。是以聖人終不為大,故能成其大。夫輕諾必寡信,多易必多難。是以聖人猶難之,故終無難矣。

订正本

为无为,事无事,味无味。大小,多少,报怨以德。图难于其易,为大于其细。天下难事必作于易,天下大事必作于细。是以圣人终不为大,故能成其大。夫轻诺必寡信,多易必多难。是以圣人犹难之,故终无难矣。

试译

以"无为"为为,以"无事"为事,以"无味"为味。以小为大,以少为多,以德去报答怨。做难事要从容易事入手,做大事要从小事入手。天下的难事必然从容易事开始,天下的大事必然从小事开始。所以圣人始终不自以为大,因此能成为大。轻易许诺必然缺少信誉,常把事情看得容易必然常碰到困难。所以圣人始终把事情看得困难,因此就没有困难了。

解析

这一章的文本没有订正,和通行本一致。

这一章是《道德经》中很重要的一章,它集中阐述了老子的辩证思维，并落实为圣人的行为方式。采用的写作方式类似于第二章的"比"：先罗列一些观点，然后归纳出圣人的具体做事方法。

首先，罗列了老子的三个重要观点："为无为，事无事，味无味。""为无为"，第三章出现过，是老子的核心思想，而且是一个完整的表述。前面说"无为"多一些，一般人说《道德经》，说老子的思想，都归结为"无为"，但是完整的表述应该是"为无为"，就是用"无为"的方式去为："无为"是方式，"为"是目的，而且要做到"无不为"。如果只强调"无为"，就会造成对老子的误解，以为老子主张不做事，因而就显得非常消极。如易中天在中央电视台讲述《百家争鸣》时为了比较儒家和道家的不同，说儒家是要做事的，而道家是主张不做事的。这样理解道家就太简单了，也误解了道家。作为一个学者，这样说是不合适的。同样类似的思维方式还有"事无事""味无味"。可以同样理解为：以"无事"为事，以"无味"为味。第二句话同样要理解为：要以不打仗为重要的事。关于第三句话："味无味"，我们可以以烹饪鱼为例予以说明。如果我们有一条很新鲜的鱼，该怎样烹饪它，把它做成一道美味呢？不同的地方、不同的厨师当然有不同的方法，因为中国地大物博，又是一个美食的国度。但是，对于真正的美食家，他肯定会采用最简单也是最好的方法：清蒸，而绝对不会去红烧，绝对不去油炸，去放很多的调料，为什么呢？因为只有清蒸，放最少的调料，一般就只放一点盐或者加一点葱姜，有的人甚至什么调料都不放，生吃，这样才能吃到鱼的真正的味道。这个实例可以帮我们理解"味无味"。同时，第十二章提到过："五味令人口爽"，调料太多，会破坏味蕾，导致尝不到食材的真正味道。接下来，老子又列举了三个观点："大小，多少，报怨以德。"这又该怎样理解呢？笔者认为，可以按照同样的思路理解，就是：以小为大，以少为多，以德去报答怨。最后一句很值得讨论。学术上有两种观点：一种认为，这个地方不应该有这四个字，是错简造成的，于是将其移至第七十九章，如陈鼓应先生的《老子注译及评介》一书即是如此处理的。另一种认为，还是应该保留在此处。但为什么放在此处？它和前面的几个观点有何逻辑关联？这是需要深入思考的。笔者认为，它在逻辑上，是和"大小"完全一致的。因为在一般人看来，"怨"是很大的东西，而"德"却是很小的东西，但在老子看来，恰恰相反，应该将"德"作为很大的东西，而将"怨"作为很小的东西，这就是"以小为大"的思维方式。如果这样，"以德报怨"就可以取得好的结果，消除所结下的怨。此外，我们还可以将老子的这一观点和孔子作一个对比。《论语·宪问》篇有一章："或曰：'以德报怨，何如？'子曰：'何以报德？以直报怨，以德报德。'"由此可见，孔子是不同意"以德报怨"这个观点的。照理，一般人觉得，孔子应该是赞同"以德报怨"的，因为孔子大力提倡的就是伦理道德。笔者认为，孔子之所以不同意"以德报怨"，是因为孔子认为：如果以德报怨，那么如何报德呢？这就没有区分了，不合理了。这是他"中庸"思想的反映，做事情不能走极端，而"以德报怨"有一点走极端的味道，是不符合情理、故意为之的行为，不可以普遍实行的，所以不赞同。同时，句中的"以直报怨"符合孔子对"直"的一贯重视，如"举直错诸枉，则民服"（《为政》）、"人之生也直，枉而生幸而免。"（《雍也》）那么，为什么老子却这样主张呢？笔者认为，因为老子论述的是圣人的做法，而圣人是懂得"道"并按照"道"做事的人，所以他应该这样做，这也是老子对统治者、为政者提出的要求。所以，孔子和老子的观点都是合理的，没有什么对立之处。接下来的这几句话就比较熟悉了："图难于其易，为大于其细。天下难事必作于易，天下大事必作于细。"这和前面的思路是一致的，只是更加具体。做难事要从容易事入手，做大事要从小事入手。天下的难事必然从容易事开始，天下的大事必然从小事开始。这段话对年轻人是特别有价值的，做事情，特别是做一些大事、难事，不要一下子就直接去做，而应该先从比较小的、比较容易的事情开始做。比如大学生毕业后，总希望马上去做比较大的事情、比较难的事情，以显示自己的价值。可是，实际情况是，这样做是不合适的，因为他没有经历一定的实践过程，很难胜任大事、难事,也很难取得好的结果。所以,要从小事、容易的事做起。但是有的同学眼高手低,觉得让他做这种事情是大材小用,如果这样的话,大事做不成,小事又不做,将来一定会影响自己的发展。最后,老子将前面的这些道理归纳为圣人的做事态度和原则:"是以圣人终不为大,故能成其大。夫轻诺必寡信,多易必多难。是以圣人犹难之,故终无难矣。"所以圣人始终不自以为大,因此能成其为大。轻易许诺必然缺少信誉,常把事情看得容易必然常碰到困难。所以圣人始终把事情看得困难,因此就没有困难了。"轻诺必寡信,多易必多难",也是典型的辩证思维:一个人如果轻易地许下诺言,必定会导致他很少地信守承诺。因为许下的诺言太多了,他不可能都实现。所以古人说"一诺千金"。同样地,一个人如果把所有的事情看得很容易,而不是一步一步踏踏实实地去做,最后他必定会碰到很多困难。所以圣人将每一件事都看作是很困难的,认真地去做,一步一步地做下去,最终就不会有任何困难了。这些话看起来很简单,但确实有道理,对我们很有帮助,是真正的智慧。

第六十四章

通行本

> 其安易持,其未兆易謀。其脆易泮,其微易散。為之於未有,治之於未亂。合抱之木,生於毫末;九層之臺,起於壘土;千里之行,始於足下。為者敗之,執者失之。是以聖人無為故無敗,無執故無失。民之從事,常于幾成而敗之。慎終如始,則無敗事。是以聖人欲不欲,不貴難得之貨;學不學,複眾人之所過。以輔萬物之自然而不敢為。

訂正本

其安易持,其未兆易谋,其脆易泮(pàn,分解),其微易散。为之于未有,治之于未乱。合抱之木,生于毫末;九层之台,起于累土;千里之行,始于足下。民之从事,常于几成而败之。慎终如始,则无败事。是以圣人欲不欲,不贵难得之货;学不学,复众人之所过:以辅万物之自然而不敢为。

试译

事物稳定时容易维持,事物未显征兆时容易谋划,事物脆弱时容易分解,事物微小时容易打散。要在事物未发生时把它解决,要在事物未混乱时把它治好。合抱的大树,生长于细小的萌芽;九层的高台,筑起于堆积的泥土;千里的行程,开始于脚下。民众做事,常常在快成功时失败。把终结像开始一样慎重对待,就不会失败。所以圣人想众人所不想的,不以难得的东西为贵;学众人所不学的,将众人的过头复归:以辅助万物的自然生长而不敢轻举妄为。

解析

　　这一章的文本有一处订正:将中间的一段文字"为者败之,执者失之。是以圣人无为故无败;无执故无失"移至第二十九章,因为与此处的文意不合,而与第二十九章相合。

　　这一章同样是阐述老子的辩证思维,采用的写作手法与第二章类似。首先列举一些道理,然后归纳出圣人的行为方式。中间的一些话比较熟悉,如"合抱之木,生于毫末;九层之台,起于累土;千里之行,始于足下",同样是很好、很有价值的一章。

　　一开始,列举的四个道理是:"其安易持,其未兆易谋,其脆易泮,其微易散。"这几句话的意思是说事物稳定时容易维持,事物未显出征兆时容易谋划,事物脆弱时容易分解,事物微小时容易打散。接着,再列举两个道理:"为之于未有,治之于未乱。"要在事物未发生时把它解决,要在事物未混乱时把它治好。阐述的是"防微杜渐"的治乱之道,也是第六十三章中所说的"图难于其易"。《黄帝内经》中说:治理国家要"不治已乱治未乱",就像中医治病一样,"不治已病治未病",实际上就是这个思想的反映。接下来,列举三个事例:"合抱之木,生于毫末;九层之台,起于累土;千里之行,始于足下。"合抱的大树,生长于细小的萌芽;九层的高台,筑起于堆积的泥土;千里的行程,开始于脚下。老子用这些比较形象的事例阐述的是同样的道理:大和小的辩证关系,也就是第六十三章所说的"为大于其细"。下面进一步阐述:"民之从事,常于几成而败之。"民众做事情常常是在快成功的时候失败了。所以强调:"慎终如始,则无败事。"也就是第六十三章所说的"圣人犹难之",做事情从始至终都重视,就不会失败。

　　最后,老子将前面的这些道理归纳为:"是以圣人欲不欲,不贵难得之货;学不学,复众人之所过:以辅万物之自然,而不敢为。"这段文字中有两处比较难以理解:一是"欲不欲",如果只从字面上看,是否可以和第六十三章的"为无为"一样,理解为"以不欲为欲"

呢？似乎可以，但如果要和下面的"复众人之所过"联系起来，就不能这样理解了，而应理解为"想众人不想的"。二是"学不学"，同样地，应理解为"学众人不学的"。这实际上指的就是：要欲"道"，要学"道"，要遵循"道"，才能做到"辅万物之自然而不敢为"，而这恰恰是"道"所要求的"道法自然"，不要轻易地用自己的想法去简单地为，想当然地为，那样就是轻举妄为，就必然会失败。

第六十五章

通行本

> 古之善為道者，非以明民，將以愚之。民之難治，以其智多。故以知(zhi)治國，國之賊；不以知治國，國之福。知此兩者亦稽式。常知稽式，是謂玄德。玄德深矣，遠矣，與物反矣，然後乃至大順。

订正本

古之善为道者，非以明民，将以愚之。民之难治，以其智多。故以智治国，国之贼；不以智治国，国之福。知此两者亦稽式。常知稽式，是谓"玄德"。"玄德"深矣，远矣，与物反矣，然后乃至大顺。

试译

古时善于为"道"的人，目的不是让民众聪明，而是让民众愚朴。民众之所以难以治理，是因为他们智巧太多。所以用智巧治国，是国家的灾祸；不用智巧治国，是国家的福分。区分这两者（用智和不用智）是重要的治国原则。能真正认识这一原则，是深奥的"德"。这深奥的"德"深啊，远啊，帮助万物返朴归真，然后就能达到最大的和顺、和谐。

解析

这一章的文本只有一处订正，即将"智"据帛书本改为"知"。

这一章阐述老子的治国之道，采用的写作手法是"赋"，平铺直叙地进行阐述。一开始就直截了当地指出："古之善为道者，非以明民，将以愚之。"古时善于为"道"的人，目的不是让民众聪明，而是让民众愚朴。应该说，这是老子治国思想的集中表述，是非常重要的，但也会引起误解甚至批判，认为这是宣扬愚民政策。在第二十章，老子把自己称作"我愚人之心也哉"，而且我们也说过，老子是"大智若愚"。所以，"愚"在老子心目中，既是一种质朴，也是一种大智。接着，老子指出，如果让民众聪明，会带来什么问题："民之难治，以其智多。故以知治国，国之贼；不以知治国，国之福"。民众如果太聪明了，国家就难以治理。所以，用智巧治国，是国家的灾祸；不用智巧治国，是国家的福分。此处强调的是，一定要用道治国，而不能用智（小聪明）治国。进一步，老子指出治国的重要原则："知此两者亦稽式。"区分这两者（用智和不用智）是重要的治国原则。句中的"知"字在此处应理解为区分、识别；"稽"字为"楷"的借字，楷式就是法式、法则。最后，老子进一步强调："常知稽式，是谓'玄德'。'玄德'深矣，远矣，与物反矣，然后乃至大顺。"意思是说能真正认识这一重要的治国原则，是深奥的"德"。这深奥的"德"深啊，远啊，帮助万物返朴归真，然后就能达到最大的和顺、和谐。注意句中的"与"字在此处不是"和"的意思，而是"帮助"的意思；"反"字是返回本根，返朴归真，"与物反矣"就是帮助万物返朴归真。此句可以和第四十一章的"反者道之动"联系起来，帮助我们理解本章。由最后一句的"然后乃至大顺"可见，老子是将和顺、和谐作为治国的最高目的的，而要做到这一点，当然必须遵循"道"，"善为道"。

第六十六章

通行本

> 江海所以能為百谷王者，以其善下之，故能為百谷王。是以欲上民，必以言下之。欲先民，必以身後之。是以聖人處上而民不重，處前而民不害。是以天下樂推而不厭，以其不爭，故天下莫能與之爭。

订正本

江海所以能为百谷王者，以其善下之，故能为百谷王。是以圣人欲上民，必以言下之；欲先民，必以身后之。是以圣人处上而民不重，处前而民不害，是以天下乐推而不厌。不以其不争与？故天下莫能与之争。

试译

江海之所以能成为百川的王，是因其善于谦下，所以能成为百川的王。因此圣人如果想统治民众，必须言辞谦下；如果想领导民众，必须将自身的利益置于民众之后。这样圣人在民众之上而民众不觉得重，在民众之前而民众不受伤害，所以天下的民众乐于推举他而不厌弃。这样不是他不和人争吗？所以天下没有人能和他争。

解析

这一章的文本有两处订正：第一处是在"是以欲上民"之前增加了"圣人"二字；第二处，是将通行本的"以其不争"改为"不以其不争与?",两处均据帛书本改。

　　这一章继续阐述老子的治国之道,采用的写作手法是"赋",平铺直叙地进行阐述。首先以江海为百谷王的例子说明"谦下"的重要性:"江海所以能为百谷王者,以其善下之,故能为百谷王。"江海之所以能成为百川之王,是因其善于谦下,所以能成为百川之王。这一点在前面一再表述过,就是一定要把自己的姿态摆得很低、很下,像江海一样,让万川的水都流向它,所以它就成为百谷之王。这也是"道"的特性:"处众人之所恶。"接下来,将这个指导思想体现在治国上,就是:"是以圣人欲上民,必以言下之;欲先民,必以身后之。"因此圣人如果想统治民众,必须言辞谦下;如果想领导民众,必须将自身的利益置于民众之后。如果这样做了,效果必然是:"是以圣人处上而民不重,处前而民不害,是以天下乐推而不厌。"这样圣人在民众之上而民众不觉得重,在民众之前而民众不受伤害,所以天下的民众就乐于推举而不厌弃。最后,老子利用一句反问阐述"不争"的重要性:"不以其不争与?故天下莫能与之争。"这样不是他不和人争吗?所以天下没有人能和他争。这同样是一种辩证思维,就是"争不争",以不争为争,能达到"天下莫能与之争"的效果。

第六十七章

通行本

> 天下皆謂我道大，似不肖。夫唯大，故似不肖。若肖，久矣其細也夫！我有三寶，持而保之。一曰慈，二曰儉，三曰不敢為天下先。慈故能勇；儉故能廣；不敢為天下先，故能成器長。今舍慈且勇，舍儉且廣，舍後且先，死矣！夫慈以戰則勝，以守則固。天將救之，以慈衛之。

订正本

我有三宝，持而保之。一曰慈，二曰俭，三曰不敢为天下先。慈故能勇；俭故能广；不敢为天下先，故能成器长（zhǎng）。今舍慈且勇，舍俭且广，舍后且先，死矣！夫慈，以战则胜，以守则固，天将救之，以慈卫之。

试译

我有三件法宝，要持有并保全它们。第一是"慈"，第二是"俭"，第三是"不敢为天下先"。有了对民众的"慈"，他们打仗就能勇敢；有了平时的"俭"，真正需要时就能大方；做到了"不敢为天下先"，就能成为民众的官长。现在舍弃"慈"而勇敢，舍弃"俭"而大方，舍弃"后"而领先，就死定了！这"慈"，用于战争就能获胜，用于防守就能稳固，老天要救谁，就一定用"慈"护卫他。

解析

这一章的文本有一处重要订正：通行本在开始时有"天下皆谓我道大，似不肖。夫唯大，故似不肖。若肖，久矣其细也夫"，因其意与"三宝"无关,故移至第三十四章后。

这一章仍然是阐述老子的治国之道,采用的写作手法是"赋",平铺直叙地进行阐述。一开始就阐述了他的"治国三宝":"我有三宝,持而保之。一曰慈,二曰俭,三曰不敢为天下先。"其涵义从字面上看很清楚,似乎不需要解释,但其中的第三宝"不敢为天下先"还是需要仔细体会的。因为我们现在提倡的是"敢为天下先",所以就会认为老子的观点有问题,是保守主义。但是要注意的是,我们一定不能只看这一句话就下这个结论,一定要系统地、全面地理解老子的观点。我们还记得第七章中的"后其身而身先",了解了其中的涵义是指当一件事情有好处的时候,作为统治者,不能自己先得到好处,如果你这样做了,民众肯定不会拥护你,那你怎么能把国家治好呢?所以"不敢为天下先"同样应该理解为:当一件事情有好处时,作为统治者,不敢自己先去得到。如果了解了这样一个准确的内涵之后,就不会对它产生歧义,以致批判老子了。现在很多官员不仅没有做到这一点,而且还主动去贪污,当然得不到民众的拥护了。接着,老子进一步阐述为什么这三宝能称为三宝:"慈故能勇;俭故能广;不敢为天下先,故能成器长。"有了对民众的"慈",他们打仗就能勇敢;有了平时的"俭",真正需要时就能大方;做到了"不敢为天下先",就能成为民众的官长。其中的第三句:不敢为天下先,故能成器长,当权者如果做到了把民众的利益摆在前面,自己不敢去先得到,就能成为民众的长官,去管理他们。这样理解之后,就更容易理解前面的"不敢为天下先"了。但是现实的情况是什么样的呢?"今舍慈且勇,舍俭且广,舍后且先,死矣!"平常对老百姓不慈爱,却要老百姓勇敢打仗;平常不节俭,却想显得很大方;平常不把自己的利益摆在后面,却想在关键的时候带领民众,那都是不可能的,必然是死定了。最后,特别对"慈"的重要性进行了强调:"夫慈,以战则胜,以守则固,天将救之,以慈卫之。"作为一个统治者,最重要的一条就是要对民众慈爱,如果有了对民众的慈爱,打仗的时候,民众自然就会很勇敢,就能够战胜敌人;如果守卫自己的国家,国家就会很稳固。所以,如果老天要救谁,一定是用"慈"去救助他、护卫他。

第六十八章

通行本

> 用兵有言："吾不敢為主而為客,不敢進寸而退尺。"是謂行無行,攘無臂,仍無敵,執無兵。禍莫大於輕敵,輕敵幾喪吾寶。故抗兵相加,哀者勝矣。

订正本

古之用兵者有言："吾不敢为主而为客,不敢进寸而退尺。"是谓行无行(cháng),攘无臂,执无兵,扔(乃)无敌。祸莫大于轻敌,轻敌则几丧吾宝。故抗兵相若,哀者胜矣。

试译

古时用兵的人说："我不敢主动进攻而取守势,不敢前进一寸却宁愿退后一尺。"这就叫作行进好像没有行列,高举臂膀好像没有臂膀,执持兵器好像没有兵器,这样就可以无敌了。最大的祸是轻敌,轻敌几乎丧失我的法宝。所以两军势力相当时,悲愤的一方获胜。

解析

这一章是通行本的第六十九章,因从内容的逻辑上应在第六十八章之前,故将二者的顺序颠倒。本章的文本有三处订正:一是第一句通行本为"用兵有言",据傅奕本中间有"者"字,另据马其昶、奚侗、马叙伦意见,认为开头应有"古之"二字,以与下一句的"吾"对应;二是中间的几句,通行本为"行无行,攘无臂,扔无敌,执无兵",现据帛书本改;三是最后一句通行本为"抗兵相加",也是根据帛书本改为"抗兵相若"。

　　这一章继续阐述老子对待战争的观点,采用的写作手法仍然是"赋",平铺直叙地进行阐述。一开始就引用古人的说法阐述了老子对待战争的观点:古之用兵者有言:"吾不敢为主而为客,不敢进寸而退尺。"古时用兵的人说:"我不敢主动进攻而取守势,不敢前进一寸却宁愿退后一尺。"就是要把自己的姿态摆得很低,正如第六十九章中所说的:"善用兵者为之下"。老子把这样的做法称为:"是谓行无行,攘无臂,执无兵,扔无敌。"句中的"扔"字在此处通"乃":这就叫作行进好像没有行列,高举臂膀好像没有臂膀,执持兵器好像没有兵器,这样就可以无敌了。这就是"以无形胜有形"的辩证思维,不要去正面冲突,这样就能够保持主动。接下来,老子强调:"祸莫大于轻敌,轻敌则几丧吾宝。"打仗时最重要的是不要轻敌。所以最大的灾祸就是轻敌,轻敌就会丧失"我"的法宝。最后,老子总结出一个结论:"故抗兵相若,哀者胜矣。"相当势力的两军对抗时,一定是悲愤的一方获得胜利,即"哀兵必胜"。后来的《孙子兵法》和老子的《道德经》在很多地方是相同的,只不过前者是专门论述打仗,所以论述得更详细,而老子的思想包含了方方面面,战争只是其中的一个方面。

第六十九章

通行本

善為士者不武,善戰者不怒,善勝敵者不與,善用人者為之下,是謂不爭之德,是謂用人之力,是謂配天,古之極。

订正本

善为士者不武,善战者不怒,善胜敌者不与,善用兵者为之下。是谓不争之德,是谓用人之力,是谓配天之极。

试译

善于当将领的不逞勇武,善于打仗的不发怒,善于胜敌的不与之对阵,善于用兵的谦居低下。这是不与人争斗的"德",这是善于利用他人的力,这是符合"道"的极致。

解析

这一章的文本有两处订正:第一,第三句通行本为"善用人者为之下",现据帛书本将"人"字改为"兵",这样更与本章阐述的内容相符;第二,最后一句通行本为"是谓配天,古之极",其中的"古"字疑窜入所致,故去之。

这一章阐述如何按照"道"对待战争,采用的写作手法是"赋",平铺直叙地进行阐述。文章的前半段列举了按照"道"打仗时的四种表现:"善为士者不武,善战者不怒,善胜敌者不与,善用兵者为之下。"善于当将领的不逞勇武,善于打仗的不发怒,善于胜敌的不与之对阵,善于用兵的谦居低下。这种指导思想就是第六十八章中的"不敢为主而为客,不敢进寸而退尺"。接下来,后半段将上述表现总结为:"是谓不争之德,是谓用人之力,是谓配天之极。"这是不与人争斗的"德",这是善于利用他人的力,这是符合"道"的极致。

  从本章和前面论述战争的几章可以看出,老子对待战争的总的态度是反对,但在当时的那个时代条件下,战争是难以避免的,你不去打别人但是别人会来打你。那么,该怎样去打仗呢?老子认为,仍然需要按照"道"、遵循"道"去打仗。所以,提倡的是"不武""不怒""不与""为之下",总之,是把自己摆在"不得已""低下"的位置,表面上看起来似乎显得很被动,但按照老子的辩证思维,这恰恰是一种主动。《孙子兵法》中说:"主不可以怒而兴师,将不可以愠而致敌""不战而屈人之兵,战之善者也",可以帮助我们理解本章的观点。老子将上述做法称为"不争之德""用人之力""配天之极",强调的就是:即使打仗,也要按照"道"、符合"德"去做,以谦下对待,如第六十八章所说的"不敢为主而为客",才能取得最好的结果,让战争的破坏作用减到最小,甚至可以做到"不战而屈人之兵"。

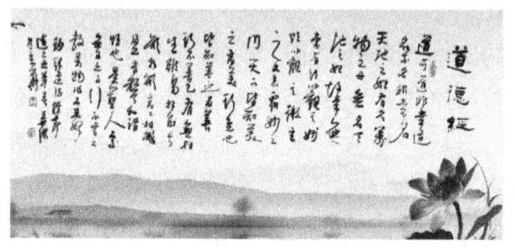

第七十章

通行本

> 吾言甚易知,甚易行。天下莫能知,莫能行。言有宗,事有君。夫唯無知,是以不我知。知我者希,則我者貴。是以聖人被褐懷玉。

订正本

吾言甚易知,甚易行;天下莫能知,莫能行。言有宗,事有主。夫唯无知,是以不我知。知我者希,则我者贵。是以圣人被(pī,同"披")褐而怀玉。

试译

我的话很容易理解,很容易实行;但天下却没有人理解,没有人实行。说话要有宗旨,做事要有主意。正是由于不理解我的宗旨和主意,所以不理解我。理解我的人少,效法我的更少。所以圣人外面披的是粗衣而怀内藏着美玉。

解析

这一章的文本有两个字的订正:一是通行本中间的"事有君"据傅奕本将"君"字改为"主";二是在最后一句的"被褐怀玉"中据傅奕本加了"而"字。

这一章可以看作是老子的"夫子自道",也透露出老子内心的一种感叹。采用的写作手法是"赋",平铺直叙地进行阐述。一开始老子就表述:"吾言甚易知,甚易行;天下莫能知,莫能行。""我"

的话很容易理解,很容易实行;但天下却没有人理解,没有人实行。接着,老子强调:"言有宗,事有主。"一个人讲话要有宗旨,做事情要有主意。实际上,老子想要说明的是:"我"讲的这些话不是随便讲的,是有"我"自己的宗旨和主意的。然后,老子将别人不理解他的原因归结为:"夫唯无知,是以不我知。"正是因为那些当权者不理解"我"讲话的宗旨和主意,所以不理解"我"。接下来,进一步强调:"知我者希,则我者贵。"理解"我"的人很少,按照"我"的思想去做的人就更少了。此处的"则"字就是效法、以其为准则的意思。中国历史上,在名字中出现"则"的名人,我们比较熟悉的有林则徐,还有一个是武则天。"则天"二字,一般人是不敢用这样的名字的,而武则天用来给自己命名,是有特定含义的,是想显示自己的气派:"我"以"天"为榜样、为准则,"我"代表天。因为她是中国历史上唯一的女皇帝,要在历来以男性为中心的社会站住脚,维持住她的统治,就要故意把自己拔得很高,以壮底气。她还给自己造了一个字:"曌",日月当空,作为自己的名,也是同样的心理。那么,林则徐为什么以"则徐"为名呢? 据说是因为他当年出生的时候,正好隔壁一个姓徐的人中了状元,他的父母就想到:"我"的儿子将来能不能也像他一样,长大了也能中状元,以光宗耀祖呢? 所以就取了这个名字。最后,老子阐述了一种现象:"是以圣人被褐而怀玉。"所以,圣人都是外面披着粗布衣服而怀内藏着美玉。圣人经常是一个什么形象呢? 披着一件粗布大衣,外表看起来像没有地位的普通人,甚至是穷人,但是他胸中怀着的是一块真正的美玉,此处的"玉"实际指的就是"道"。这也是老子当时的形象:怀中有像玉一样宝贵的"道",却无人认识到它的价值。言外之意是:从古到今,圣人都是这样的,就像当年的和氏璧一样,何况"我"老子呢?

所以,笔者认为,本章是老子对当权者"不我知"、不"则我"的感慨之辞。特作诗一首,以表后来者的同情之心:自古圣贤皆寂寞,披褐怀玉有谁识? 曲高和寡莫悲叹,大道终为天下知。

第七十一章

通行本

知不知上,不知知病。夫唯病病,是以不病。圣人不病,以其病病,是以不病。

订正本

知不知,上;不知知,病。圣人不病,以其病病,是以不病。

试译

知道自己的不知,为上;以不知道为知道,是毛病。圣人没有毛病,是因为他将毛病作为病克服了,所以没有毛病。

解析

这一章的文本有较大的订正:通行本的原文为"知不知,上;不知知,病。夫唯病病,是以不病。圣人不病,以其病病,是以不病",文意有些重复,现据帛书本改正。

这一章很有意思,读起来好像绕拗口令一样,但是很富有哲理。采用的写作手法是"赋",平铺直叙地进行阐述。文章一开始列举了两种学习态度:"知不知,上;不知知,病。"一种学习态度是"知不知",一种学习态度是"不知知"。什么叫"知不知"?有的学者解释为"知道了还以为不知道",因为下面的"不知知"应该理解为"不知道却以为知道"。但笔者认为,以理解为"知道自己的不知"为宜。因为,一个人只有知道自己的不知,才会去好好学习,有目标地学习,才能不断前进,而且前进得更快。这种理解和苏格拉底的"知道自己是无知的"类似。如果理解为"知道了还以为不知道",似乎有一点过分谦虚的味道。老子将前者称为"上",是最大的优点,而将后者称为"病",是毛病,是缺点。接下来,论述圣人的学习态度:"圣人不病,以其病病,是以不病。"圣人没有毛病,是因为他将毛病作为病克服了,所以没有毛病。这一章说过来绕过去,就是告诫我们不要自以为知,不要觉得自己了不起。人的认识总是有限的,即使你真的知道很多东西也要谦虚,把自己的姿态放低一点,不自以为知,不骄傲,这就是最大的优点。当然,也强调我们要真正了解自己的"知"和"不知",这样才能够明确自己前进的目标,能够进步得更好、更快。

第七十二章

通行本

民不畏威,則大威至。無狹其所居,無厭其所生。夫唯不厭,是以不厭。是以聖人自知,不自見;自愛,不自貴。故去彼取此。

订正本

民不畏威,则大威至。无狎(xiá,通"狭")其所居,无压其所生。夫唯不压,是以不厌。是以圣人自知,不自见(xiàn);自爱,不自贵。故去彼取此。

试译

民众不害怕威压时,大的威压就要来了。不要逼狭得民众无法安居,不要压迫得民众无法生活。只有不压迫民众,民众才不会厌恶统治者。所以圣人有自知之明,但不自我表现;有自爱之心,但不自命高贵。因此圣人舍弃后者而选取前者。

解析

这一章的文本没有订正,和通行本一致。但将中间的"压"和"厌"作了区分,以帮助准确理解。

这一章阐述老子的治国理念,采用的写作手法是"赋",平铺直叙地进行阐述。文章一开始就警告统治者:"民不畏威,则大威至。"为政不是靠威、不是靠你的权威、靠你的权力造成一种威压让别人害怕,这样做是达不到目的的。因为民众不会害怕你的这样一种威压,如果一旦到了"民不畏威"的地步,那么对统治者来说,就会有真的很大的威胁、危险。因为你平常有权力为所欲为,最后到了民众都活不下去的地步,他们就会揭竿而起,推翻你的政权。下面接着正面指出:"无狎其所居,无厌其所生。"意思是:不要让民众住的地方越来越狭窄,最后都没有地方住了;不要压迫到民众都无法生存了。强调的是:要把民众的利益放在首位。下面进一步指出:"夫唯不压,是以不厌。"只有不去压迫民众,民众才不会厌恶你。最后,归纳出一个道理:"是以圣人自知,不自见;自爱,不自贵。故去彼取此。"所以圣人有自知之明,但不自我表现;有自爱之心,但不自命高贵。因此圣人舍弃后者而选取前者。有一个问题需要思考:后面这一段和前面有什么逻辑关联呢? 逻辑关联就是:圣人懂得"道",按"道"去做事,所以他一定对自己了解,有自知之明,而不去自我表现。不自我表现就是不轻易地使用手中的权利去压迫民众,而让老百姓没有住的地方,甚至活不下去;同时自爱而不自贵指的是:要自尊自爱但是不要自以为贵,如果自以为贵,把自己的利益摆在第一位,那就一定会去搜刮民众,损害民众的利益。这是从正面论述:圣人要想治理好国家,必须将民众的利益放在第一位,从而和前面的警告相互呼应。

第七十三章

通行本

> 勇於敢則殺,勇於不敢則活。此兩者,或利或害。天之所惡,孰知其故?是以聖人猶難之。天之道,不爭而善勝,不言而善應,不召而自來,繟然而善謀。天網恢恢,疏而不失。

订正本

勇于敢则杀,勇于不敢则活。此两者,或利或害。天之所恶,孰知其故?是以圣人犹难之。天之道,不争而善胜,不言而善应,不召而自来,繟(chǎn,舒缓)然而善谋。天网恢恢,疏而不失。

试译

勇于不顾一切,就会死,勇于有所不敢,就能活。这两种做法,有的有利,有的有害。天之所以厌恶不顾一切的"勇于敢",谁能知道是什么原故?所以圣人都对这个问题感到困难。天的"道",不争斗而能取胜,不发号施令而能响应,不召唤而自动前来,虽缓慢而善于谋划。天网广大,网孔虽疏,但从不漏失。

解析

这一章的文本没有订正。帛书本中没有中间的一句:"是以圣人犹难之",经考虑,有比较合乎文意,故保留。

这一章继续阐述"道"的特性和老子的辩证思维,采用的写作手法仍是"赋",平铺直叙地进行阐述。文章一开始就提出两种不同的"勇敢"概念,而且导致的结果完全不同:"勇于敢则杀,勇于不敢则活。此两者，或利或害"。一个是"勇于敢"，一个是"勇于不敢"，结果是：一个是被杀，一个是活；一个有害，一个有利。我们知道，《论语》中孔子推崇的"三达德"就是"智、仁、勇"。开始时孔子只强调智和仁，后来才加上"勇"。这和当时的时代背景有关系，乱世特别需要勇敢，但孔子强调的是"圣人之勇"，是"知穷之有命，知通之有时，临大难而不惧者，圣人之勇也。"(《庄子·秋水》)我们对勇敢的理解比较片面、单一，就是勇往直前、奋不顾身。老子却认为，既有勇于敢，也有勇于不敢，而且他赞同的不是前者，而是后者，这就是老子的辩证思维。老子接着问："天之所恶，孰知其故？"意思是：上天是厌恶那种简单的所谓不顾一切的"勇于敢"的，但是"我们"怎么知道这里面的原因呢？因为要区分在什么情况下要勇于敢，什么情况下要勇于不敢，需要辩证思维，而不是简单思维、直线思维，所以圣人都会对这个问题感到困难。接下来，他阐述的是："天之道，不争而善胜，不言而善应，不召而自来，繟然而善谋。"这同样是阐述他的辩证思维，也就是不争而争、以弱胜强的思维，而这正是"道"的特性。真正的天道，如果去打仗，能不战而胜；不发号施令能让民众响应；不用发出号召民众自动就来了。而且还有一种表现，就是"繟然而善谋"：从容不迫、很舒展，但善于谋划、心中有数。最后，老子强调："天网恢恢，疏而不失。"天上好像有一张网，称为天网，实际上指的就是天道，它无处不在，非常广大，尽管它的网孔很稀疏，但是不会让任何它要网住的东西逃脱，成为漏网之鱼的，所以叫"疏而不失"。现在经常说成"疏而不漏"，用于形容公安、司法部门和国家法律的效力。

第七十四章

通行本

> 民不畏死,奈何以死懼之? 若使民常畏死,而為奇者,吾得執而殺之,孰敢? 常有司殺者殺,夫代司殺者殺,是謂代大匠斫。夫代大匠斫者,稀有不傷其手矣。

订正本

民不畏死,奈何以死惧之? 若使民常畏死,而为奇者,吾得执而杀之,孰敢? 若民常且必畏死,常有司杀者杀。夫代司杀者杀,是谓代大匠斫(zhuó,砍)。夫代大匠斫者,希有不伤其手矣。

试译

民众不怕死,为什么要用死来让他们害怕? 如果民众真怕死,那些搞歪门邪道的,我就把他抓起来杀掉,但怎么敢呢? 如果民众真怕死,就有专门管杀人的去杀。如果代替专门杀人的去杀,就像代替高明的木匠砍木头。代替高明的木匠砍木头,很少有不砍伤自己手的。

解析

这一章的文本有一处订正:在通行本的中间,据帛书本加了一句"若民常且必畏死"。

这一章阐述老子的治国思想,理解起来有一定难度。采用的写作手法是"赋",平铺直叙地进行阐述,也有一点"兴"的味道。文章一开始就推出一个观点:"民不畏死,奈何以死惧之?"民众如果一旦到了不怕死的地步，这个时候作为一个统治者，为什么还要用死让民众害怕呢？这样做有什么意义呢？还有作用吗？统治者应该反思：为什么民众不怕死？不就是因为他们已经没有生存下去的条件，得不到基本的保证，甚至生不如死了，这样他们还会怕死吗？接下来的一段话比较难于理解："若使民常畏死，而为奇者，吾得执而杀之，孰敢？"如果简单地从字面上看，好像是说让民众常常害怕死亡，这样的话，那些不听话的人、违法乱纪的人，"我"就把他抓起来杀掉。看谁还敢不听话？但是如果再继续往下读，就会有问题了。下面说："常有司杀者杀，夫代司杀者杀，是谓代大匠斫。夫代大匠斫者，希有不伤其手矣。"什么意思呢？老子强调的是：杀人是有那种专门管杀人的人去做的，如果代替这些杀人的人去杀人的话，就好像是代替一个高明的工匠去砍木头。代替这些专门的、高明的工匠去砍木头，很少有不把自己的手砍伤的。如果你理解了这段话，就要回过去思考"孰敢"到底是指"为奇者"还是指"统治者"？笔者认为，应该指的是这些统治者，尽管手中有权，可以把民众抓起来，但是统治者能随意地把他们杀掉吗？那么，应该由谁来掌管生杀大权呢？老子的回答是：有司杀者杀，有专门负责管杀人的部门杀。这里暗含的意思是：应该由"道"来负责。就是我们常说的：善有善报，恶有恶报。所以不是说，统治者手中有权就可以随意杀人。如果他这样做，最后伤害的一定是他自己，因为他没有按照"道"去治国，最后一定会被民众推翻。所以这一章反复强调的就是民众的重要，要以"道"治国，而不是以权来治国。这是老子最根本的治国思想，也是他对统治者提出的严正警告。

第七十五章

通行本

民之饑,以其上食稅之多,是以饑。民之難治,以其上之有為,是以難治。民之輕死,以其求生之厚,是以輕死。夫唯無以生為者,是賢於貴生。

订正本

民之饥,以其上食税之多,是以饥;民之难治,以其上之有为,是以难治;民之轻死,以其上求生之厚,是以轻死。夫唯无以生为者,是贤于贵生。

试译

民众受饥挨饿,是因为统治者吞食赋税太多,所以受饥挨饿;民众难以治理,是因为统治者轻举妄为,所以难以治理;民众将死看轻,是因为统治者太保养自己,所以将死看轻。而正是那些活不下去的民众,更好于那些过分看重生命的统治者。

解析

这一章的文本只有一个字的订正:在通行本的"以其求生之厚"中间据傅奕本加了一个"上"字。

这一章是老子对当权者的严厉批判,采用的写作手法类似于"比"。一开始就列举了民众三个方面的现状:饥、难治、轻死,并分析了产生的原因:全在于统治者。"民之饥,以其上食税之多,是以饥;民之难治,以其上之有为,是以难治;民之轻死,以其上求生之厚,是以轻死。"民众为什么饥饿?就是因为这些当官的吃税太多了,把民众的财富搜刮为己有,他们可以吃得很饱,但是老百姓却饿着肚子。民众为什么难以治理?就是因为当官的太有为了——可见"有为"在老子看来显然是一个贬义词——就是当官的老是按自己的想法做事情,那么老百姓当然要想办法对付他。因为他不是按照"道"治理国家,不把老百姓放在第一位,不考虑老百姓的利益,老百姓不拥护他,就要想办法跟他作对,所以就难以治理了。同样,民众为什么把死看得这么轻呢?就是因为当官把老百姓的财产都搜刮去,让他自己来过分地养生,以致老百姓都活不下去,生不如死了,所以老百姓就把死看得很轻。最后得出的结论是:"夫唯无以生为者,是贤于贵生。"这句话比较难以理解。从字面上看,好像是说只有那些不以生作为自己目的的人,是好于那些贵生的人。如果这样解释,就体现不出老子真正的内涵。那么,应该怎么理解"无以生为者"呢?笔者认为,这就指的是民众。因为老百姓都活不下去了,所以就是"无以生为者",即无法活下去的人。这样的民众是好于贵生者的,贵生者就是那些当官的。所以这里反映的是老子一贯的治国思想:始终要把民众放在首位,这是非常了不起的,值得充分肯定。老子告诫统治者要善待民众,不要过分看重自己的生命,否则,民众就会起而推翻他们。"水可载舟,亦可覆舟,不可不慎也。"老子的这种思想,类似于后来孟子的"民本"思想:"民贵,君轻,社稷次之。"可见,在当时,不管是儒家还是道家,都有这样的思想,也说明了在当时,儒家和道家的思想并不是绝对对立的,而是可以互补的。

第七十六章

通行本

> 人之生也柔弱,其死也堅強。萬物草木之生也柔脆,其死也枯槁。故堅強者死之徒,柔弱者生之徒。是以兵強則不勝,木強則折。強大處下,柔弱處上。

订正本

人之生也柔弱,其死也坚强;草木之生也柔脆,其死也枯槁。故坚强者死之徒,柔弱者生之徒。是以兵强则灭,木强则折。坚强处下,柔弱处上。柔弱胜刚强。

试译

人活着时身体柔软,死后变得僵硬;草木活着时柔软,死后变得枯槁。所以坚强的东西属于要死亡的一类,柔弱的东西属于有生机的一类。因此军队强大了就要灭亡,树木高大了就要折断;坚强的处于下降的态势,柔弱的处于上升的态势。柔弱胜过刚强。

解析

这一章的文本有两处订正:第一处,通行本在第二句的"草木"之前还有"万物"二字,现据傅奕本去之;第二处,最后的一句"柔弱胜刚强"根据文意,从第三十六章移入。

这一章阐述老子的辩证思维,采用的写作手法类似于"比"。文章一开始列举了两种现象:"人之生也柔弱,其死也坚强;草木之生也柔脆,其死也枯槁。"意思是说:人活着时身体柔软,死后变得僵硬；草木活着时柔软，死后变得枯槁。因为老子的思想是主张柔弱谦下，所以他用人和草木为例作比喻，来说明柔弱和坚强的区别。他说，人活着的时候是很柔弱的，但是死了之后就很坚强了。为什么人死后反而变得坚强了呢？因为人活着的时候，每个关节都是可以动的，人死后任何关节都动不了了，僵硬了，所以就坚强了，实际上是僵硬了。草木也是一样，活着的时候很柔软，风一吹，它就顺着风来回地动，死后它枯槁了，风一吹就会把它折断。于是，老子得出下面的结论："故坚强者死之徒，柔弱者生之徒。"文中的"徒"是"类"的意思。所以，坚强的是属于死的这一类的，柔弱的是属于有生命力的这一类的。下面，老子作出推论："是以兵强则灭，木强则折。"因此，军队到了强大的地步的时候，就会被消灭；树木到了很强壮的地步的时候，就会被折断。所以最后的结论是："坚强处下，柔弱处上。柔弱胜刚强。"坚强的处于下降的态势，柔弱的处于上升的态势。柔弱胜过刚强。可以看出，最后的"柔弱胜刚强"从通行本的第三十六章移至此处是非常符合逻辑的，因为本章强调的是"强大处下，柔弱处上"，所以自然而然就可以得出"柔弱胜刚强"的结论了。第二十八章老子阐述过他的观点："知其雄，守其雌；知其白，守其辱。"此处他强调的是"知其强，守其柔"，都是同样的辩证思维。

　　汉朝的刘向在他的《说苑·敬慎》篇里记载了一个非常有趣的故事："常从有疾，老子往问焉，曰：'先生疾甚矣，无遗教可以语诸弟子者乎？'常从曰：'子虽不问，吾将语子。过故乡而下车，子知之乎？'老子曰：'非谓其不忘故邪？'常从曰：'过乔木而趋，子知之乎？'老子曰：'非谓敬老邪？'常从曰：'嘻！是已。'张其口而示老子曰：'吾舌存乎？'老子曰：'然。''吾齿存乎？'老子曰：'亡矣。'常从曰：'子知之乎？'老子曰：'夫舌之存也，岂非以其柔耶？齿之亡也，岂非以其刚耶？'常从曰：'噫！天下之事已尽矣，无以复语子哉！'"这个故事非常形象地说明了"柔弱胜刚强"的道理。传说常从（原文为"常摐"，其他文献中也作"常从"）是老子的老师，在有的书中也称为"商容"。常从生病了,作为弟子的老子去问候。然后就问:"先生疾甚矣,无遗教可以语诸弟子者乎?"老师您病得这么重,是不是应该留下一些话给我们弟子呢? 老师就说:"子虽不问,吾将语子。"即使你不问,"我"也会主动地告诉你们的。所以接下来他的老师就问了老子三个问题。第一个问题说:"过故乡而下车,子知之乎?"人回到自己的故乡,即使你当了再大的官,坐再豪华的车子,也必须下车走路,你知道是什么道理吗? 老子回答说:"非谓其不忘故邪?"不就是说一个人不应该忘记他的故乡,不应该忘本吗? 为什么"不忘故"就必须下车呢? 因为即使你当了再大的官,即使你在外面再显赫,回到你的故乡,你永远是你故乡的儿子,所以一定要用一个后辈的礼节来对待你的乡里乡亲,而绝对不能去显耀你有多大的本事,这是古时的规矩。接下来老师又问:"过乔木而趋,子知之乎?"乔木指的是高大的树木,一个人经过一个高大的树木时应该用一种什么样的姿态呢? 要趋,就是小步快走,表示尊敬。你知道这是什么道理吗? 老子说:"非谓敬老耶?"不就是说对老的东西都要有敬重的心态吗? 古代的人对"老"的理解是广义的,不只是指老年人。接下来老师又问:"嘻,是已。"是啊,是这个道理,你答得不错。然后他做了个动作,把嘴张开问老子说:"吾舌存乎?"你看"我"的舌头还在吗? 老子说:"在。"又问:"我的牙齿还在吗?"老子说:"没有了,掉光了。"结果老师就问:"子知之乎?"这是什么道理你知道吗? 老子回答说:"夫舌之存也,岂非以其柔耶? 齿之亡也,岂非以其刚耶?"舌头之所以还在,不就是因为它柔软吗? 牙齿之所以没有了,不就是因为它太刚强了吗? 这么一回答,老师就说:"噫! 天下之事已尽矣,无以复语子哉!"看来天下的事情的道理你都知道了,"我"再没有别的话跟你说了。

第七十七章

通行本

> 天之道,其猶張弓與?高者抑之,下者舉之;有餘者損之,不足者補之。天之道,損有餘而補不足。人之道則不然,損不足以奉有餘。孰能有餘以奉天下?唯有道者。是以聖人為而不恃,功成而不處,其不欲見賢。

訂正本

　　天之道,其犹张弓与?高者抑之,下者举之;有余者损之,不足者补之。天之道,损有余而补不足;人之道,损不足以奉有余。孰能有余以奉天下?唯有道者。是以圣人为而不恃,功成而不居,其不欲见(xiàn)贤。

试译

　　天的"道",不是像拉弓射箭吗?瞄高了就压低一些,瞄低了就抬高一些,力太大了就减少一些,力太小了就增加一些。天的"道",是减少有余的而补充不足的;人的"道",是减少不足的而送给有余的。谁能把有余的奉送给天下呢?只有有"道"的人才能。所以圣人推动万物而不依仗,成就功业而不自居,他不愿意显现自己的贤能。

解析

　　这一章的文本有一个字的订正:通行本最后的"功成而不处",现据帛书本改为"功成而不居"。另将"则不然"三字去之。

这一章是阐述"道",让我们理解"道",采用的写作手法是"赋",平铺直叙地进行阐述。文章一开始,老子作了一个比喻:"天之道,其犹张弓与?高者抑之,下者举之;有余者损之,不足者补之。"天的"道",不就像人拉弓射箭吗?要射中一个目标就要把弓张开。但是人拉弓射箭的时候,一定要掌握好度。瞄准、用力都要恰好,所以要进行调整。怎么调整呢?如果瞄得太高了,就要压低一点;瞄得太低了,就要抬高一点。如果用的力太大了,就把力量减小一点;如果用的力太小了,就增加一点。总之,必须要做得恰好,合乎自然。"恰好"就是既不能不足,也不能过分,这是"天道"里最重要的东西。"天道自然,道法自然。"自然而然的东西一定是恰好的,是一种自然的状态,它才能够保持长久。所以老子将这个道理归结为:"天之道,损有余而补不足。"特别强调,"天道"是要把有余的、过分的东西减少,把不足的东西补上,达到自然地均平、和谐。但是我们人做事情是怎样的呢?"人之道,损不足以奉有余。"完全和"天道"相反,本来不够了,还要减少;本来多了,还要给。老子所讲的"人之道",就指的是那些统治者做事情的方法和原则,完全违背了天道。老百姓本来就很穷了,没吃没喝,他还要去减少,还要让他们交税;自己已经很多了,他觉得还不够,还要去增加,这显然违背了天道,是老子坚决反对的。然后老子就问:"孰能有余以奉天下?"谁能够做到把自己多余的东西拿出来奉献给天下的人呢?"唯有道者。"只有那些有道的人、懂得"道"的人才会按照天道的原则去做。所以最后强调:"是以圣人为而不恃,功成而不处,其不欲见贤。"圣人就是懂得"道"、按照"道"做事的人,所以他会按照天道去为,这不是有为,是无为,为了以后有很好的结果,他也不认为是他的功劳;功成了也不以有功自居,而且进一步强调,圣人懂得"道"、按照"道"做事,他不愿意故意去表现自己的能干。

第七十八章

通行本

天下莫柔弱于水,而攻堅強者莫之能勝,其無以易之。弱之勝強,柔之勝剛,天下莫不知,莫能行。是以聖人云:"受國之垢,是謂社稷主;受國不祥,是為天下王。"正言若反。

订正本

天下柔弱莫过水,而攻坚强者莫之能胜,以其无以易之。柔之胜刚,弱之胜强,天下莫不知,莫能行。是以圣人云:"受国之垢,是谓社稷主;受国不祥,是谓天下王。"正言若反。

试译

天下柔弱的东西没有超过水的,但攻打坚强时没有东西能胜过它,因为它是无法代替的啊。弱的胜过强的,柔的胜过刚的,天下没有人不知道,但没有人能实行。所以圣人说:"能承受国家屈辱的,才能做国家的君主;能承受国家灾难的,才能做天下的君王。"正话像反话。

解析

这一章的文本有两处订正:一是据帛书本,将通行本的"其无以易之"改为"以其无以易之";二是据傅奕本,将"弱之胜强,柔之胜刚"改为"柔之胜刚,弱之胜强",以与前面的"柔弱"一致。

这一章又对前面"柔弱胜刚强"的观点做了进一步的阐述,采用的写作手法是"赋",平铺直叙地进行阐述。文章一开始就描述:"天下柔弱莫过水,而攻坚强者莫之能胜,以其无以易之。"天下再没有比水更柔弱的东西了,但攻打坚强时没有东西能胜过它,因为它是无法代替的啊。水的两面性是最典型的。比如,海上风平浪静的时候,海水的景色非常美,可是一旦刮起台风、掀起巨浪的时候,它就显示出能摧毁一切的巨大力量,能把天下最坚强的东西摧毁掉,而且是无法代替的。所以当年魏征向唐太宗强调:水能载舟,亦能覆舟。接着,老子进一步强调:"柔之胜刚,弱之胜强,天下莫不知,莫能行。"意思是:柔的胜过刚的,弱的胜过强的,天下没有人不知道,但没有人能实行。这段话里讲的柔弱,表面上看,好像仍然指的是水,但实际上指的是"道"。因为"道"表面上看也是很柔弱的,甚至是天下最柔弱的东西,却有着巨大的生命力,能胜过天下任何最坚强的东西,但是天下的人即使了解,也不能按照"道"去做。接下来总结出:"是以圣人云:'受国之垢,是谓社稷主;受国不祥,是为天下王。'"所以圣人说:"能够承受国家屈辱的人,可以做社稷的主人;能够承受国家灾难的人,可以成为天下的王者。"这个结论实际上就是老子前面阐述的"柔弱胜刚强"这个原则的具体体现,把"道"的柔弱的性质用在治理国家、治理天下上。按照"道"的原则做事情,就是要姿态低下,把自己摆在民众之下,像水一样"处众人之所恶",待在别人都不愿意待的地方,敢于承担所有的屈辱和灾难,这样的人才能成为社稷的主人、天下的王者,也即治理国家、天下的人一定要懂得"道",并且按照"道"做。最后,老子将他这样一番道理,包括前面讲的很多道理,都归结为四个字:"正言若反。"这是非常重要的四个字,是老子辩证思维的本质和最重要的特点。一般人看问题,只看到正面,是一种简单的思维、表面的思维、静止的思维、僵化的思维,而老子因为具有辩证思维,所以能看到事物的反面,看到事物的发展变化,因此讲的话好像是反话,但是表达的是真正的道理。"柔弱胜刚强"就是"正言若反"的具体写照。真理似乎违反常理,正言好似反言,生活中确实如此,这就是辩证法。所以只要真正理解了这四个字,读《道德经》就不会有太大的困难,就不会歪曲他的思想,更不会去简单地批判他。

第七十九章

通行本

> 和大怨，必有餘怨，安可以為善？是以聖人執左契，而不責於人。有德司契，無德司徹。天道無親，常與善人。

订正本

和大怨，必有余怨，安可以为善？是以圣人执左契，而不责于人。有德司契，无德司彻。天道无亲，常与善人。

试译

和解重大的仇怨，必然有余下的仇怨，那怎么能修好呢？所以圣人虽握有借据的存根，但不强迫人家偿还。有德的人像持有借据而不索要的人那样宽容，无德的人则像管理租税的人那样苛刻。"天道"对人无所偏爱，但永远赞同有德的善人。

解析

这一章的文本没有订正，和通行本一致。

这一章继续阐述老子的治国理念，采用的写作手法仍是"赋"，也有一点"比"的味道。文章一开始指出："和大怨，必有余怨，安可以为善？"和解重大的仇怨，必然有余下的仇怨，那怎么能修好呢？意思是说：最好的修好方法不是在结下大怨之后再去调和，因为不管怎么调和，总会有余怨存在，就像破镜不能重圆一样。所以，最好的方法就是不要与别人结怨。因此，老子提出："是以圣人执左契，而不责于人。"所以圣人虽握有借据的存根，但不强迫人家偿还。句中的"契"是古人向人借东西时立下的契约,借的人手持右契,而借出东西的人手持左契。如果借的人到期未还,那么借出东西的人可以用左契要求借的人偿还。这是完全合理合法的,但从情理上讲,不能体现借出东西的人的道德水平。如果是一个有道德的人,他就会想:对方一定有难处,所以不应该强行索要。因此这句话的意思是:圣人,也就是懂得"道",并按照"道"做事的当权者,对待民众的做法应像有道德的执有左契的人,虽然完全有权去索要,但却不去索要一样,对民众宽大为怀,施而不求报。如果这样的话,就不会和民众结怨,那么也就没有必要再去想办法调和仇怨了。接下来,老子继续论述:"有德司契,无德司彻。"句中的"彻"是周朝实行的税收制度,即"什一之税",就是按十分之一的比例纳税。这句话的意思是:有德的人像持有借据而不索要的人那样宽容,而无德的人则像管理租税的人那样苛刻。这个地方理解起来有一点困难。手中拿着左契而不去主动地要账这当然是"有德",但为什么按制度收取税收的人却是"无德"呢?因为尽管"彻"是古代普遍的税收制度,税赋的比例不算高,但在具体执行时会有问题出现。如果是丰年,交十分之一没有问题;但如果遇到天灾人祸,收成本身就很少,还要强行收取十分之一,那老百姓就活不下去了。所以这种强行执行制度的做法,在老子看来,就是"无德"。最后,老子提出一个观点:"天道无亲,常与善人。"尽管天道是一视同仁,无所谓对谁亲近不亲近,就像前面所说的"天地不仁",但老子还是强调"常与善人",天道还是赞同好人的,喜欢好人的。笔者认为这样的观点能让我们更好地理解天道:一方面,一视同仁;另一方面,还是希望大家都做好人,不去做不好的人。如此,才是更加全面的为政思想。

第八十章

通行本

> 小國寡民。使有什伯之器而不用,使民重死而不遠徙。雖有舟輿,無所乘之;雖有甲兵,無所陳之;使人複結繩而用之。甘其食,美其服,安其居,樂其俗。鄰國相望,雞犬之聲相聞,民至老死不相往來。

订正本

小国寡民。使有什伯人器而不用,使民重死而不远徙;虽有舟舆,无所乘之;虽有甲兵,无所陈之;使民复结绳而用之。甘其食,美其服,安其居,乐其俗。邻国相望,鸡犬之声相闻,民至老死不相往来。

试译

国家要小,民众要少。虽然有胜过人十倍百倍的器物但不用,让民众看重生命不向远方迁徙;虽然有船和车,但不乘坐;虽然有武器装备,但不陈列;让民众再用结绳的方法记事。吃得香甜,穿得漂亮,住得安适,喜欢自己的习俗。相邻的国家可以看见,鸡和狗的叫声可以听到,但民众直到死去都不往来。

解析

这一章的文本有一处订正,将第二句中的"之"据帛书本改为"人"。

这一章阐述老子的理想社会,采用的写作手法是"兴"。文章一开始就提出理想的社会应该是:"小国寡民。"国家要小,人口要少。接着,继续描述这种社会的特征,分三个方面。第一:"使有什伯之器而不用,使民重死而不远徙;虽有舟舆,无所乘之;虽有甲兵,无所陈之;使民复结绳而用之。"虽然有很多器具但不用,让民众看重生命不向远方迁徙;虽然有船和车,但不乘坐;虽然有武器装备,但不陈列;让民众再用结绳的方法记事。第二:"甘其食,美其服,安其居,乐其俗。"民众吃得香甜,穿得漂亮,住得安适,喜欢自己的习俗。第三:"邻国相望,鸡犬之声相闻,民至老死不相往来。"和邻国和平相处,但不相往来,尽管相邻的国家可以看见,鸡和狗的叫声也可以听到,但民众直到死去都不往来。

　　从文字上看,这一章我们比较熟悉一些,但也经常会被一些人用来批判老子,说他是一个开历史倒车的保守主义者。如果以今天的眼光看,老子的这种理想似乎不合时宜,不合乎时代的发展规律。但为什么人们能接受柏拉图的"理想国",能赞赏陶渊明的"桃花源",却不能接受老子的理想国呢?试设想,如果长期生活在现代社会中的人,突然于无意中发现了这样一个原始部落,是仅仅讥笑其落后,还是间或也有一丝钦慕之情呢?世界本应是多元的,有人憧憬大国多民的现代社会,有人喜欢小国寡民的原始社会,各有所好,何有不可?老子的理想国作为他个人的理想,似乎也应给其存在的一席之地。其实,当时的所有学者都对当时的社会现实不满,因此很容易怀念过去的原始社会,都是一个个小小的部落,人口不多,大家生活得很好,部落间和平相处,没有战争,这不是一个理想的社会吗?所以,笔者认为,总体上看,老子的治国理想是希望天下太平,百姓安居乐业,过上好日子,是无可非议的。如果大家有机会去欧洲,不妨看一看世界上最小的几个国家,如梵蒂冈、安道尔、圣马力诺、摩纳哥、列支敦士登、卢森堡,也许能更好地理解老子的理想社会。

第八十一章

通行本

> 信言不美,美言不信。善者不辯,辯者不善。知者不博,博者不知。聖人不積,既以為人己愈有,既以與人己愈多。天之道,利而不害;聖人之道,為而不爭。

订正本

信言不美,美言不信。知者不博,博者不知。善者不多,多者不善。圣人不积,既(尽)以为人己愈有,既(尽)以与人己愈多。天之道,利而不害;圣人之道,为而不争。

试译

真实的话语不华美,华美的话语不真实;真正的智者知识不博杂,知识博杂的人不是智者;善良的人财富不多,财富多的人不善良。圣人不积聚财富,尽力帮人而自己越充足,尽力给人而自己越富有。天的"道",对万物有利而不伤害;圣人的"道",推动万物而与世无争。

解析

这一章的文本有一处订正:第二句通行本是"善者不辩,辩者不善。知者不博,博者不知",现据帛书本改为"知者不博,博者不知。善者不多,多者不善"。

这一章是《道德经》的最后一章,似乎应该是总结,但又不太像总结。采用的写作手法类似于"比"。文章一开始,列举了三组对比的现象。第一:"信言不美,美言不信。"真实的话语不华美,华美的话语不真实。第二:"知者不博,博者不知。"真正的智者知识不博杂,知识博杂的人不是智者。第三:"善者不多,多者不善。"善良的人财富不多,财富多的人不善良。接下来,老子阐述圣人对待财富的态度:"圣人不积,既以为人己愈有,既以与人己愈多。"圣人不积聚财富,尽力帮人而自己越充足,尽力给人而自己越富有。最后,阐述"天之道"和"圣人之道"的处世态度:"天之道,利而不害;圣人之道,为而不争。"天的"道",对万物有利而不伤害;圣人的"道",推动万物而与世无争。我们回顾一下,老子在《道德经》里论述的"道"一共有三个:一个是"天之道",一个是"人之道",一个是"圣人之道"。这是有不同的含义的:"圣人之道"和"天之道"属于同一类,因为"圣人"就是懂得"道"并按照"道"做事的人,是老子提倡的,是"道法自然"的"道",是体现了"无为"的"道";而"人之道"是老子反对的,是那些不懂得"道"、不遵循"道"做事的统治者的做事方法,是代表只按照自己的想法去"有为"的"道"。所以,《道德经》以"天之道"和"圣人之道"的主张和做法结尾,既是对《道德经》主题的再次强调,也和第一章呼应,意味深长,值得深思。

《道德经》的价值与启示

读完了《道德经》的全部文本，需要回过头去看一看《道德经》到底表述了什么思想？有什么样的价值？首先，可以将《道德经》最重要的思想归结为：以"道"和"德"为纲领，以自然、无为为核心思想，以治国和修身为要目，以"和"为目标境界，构建了中国哲学的整体框架。它探讨的问题很多，但是可以抓住几个最重要的：第一，宇宙的起源，也叫天地万物的起源，如果套用西方哲学的说法，就是老子建立了中国哲学的本体论。天地万物是怎么起源的呢？老子认为是"道生一，一生二，二生三，三生万物"。第二，万物的规律，这是规律论。人应该遵循什么规律呢？老子认为是"人法地，地法天，天法道，道法自然"。论述了"天道"与"人道"的关系：天道自然，人道应该无为。论述了"为学"与"为道"的关系：为学日益，为道日损。论述了为人处世之道：见素抱朴，知柔贵反等。

也可以从另外一个角度加以总结。按照中国哲学的论述方式，"道"是老子哲学的"体"，"德"是老子哲学的"用"。"道"体现的是一种哲学智慧，"德"体现的是一种人生智慧。那么，"道"的本质到底是什么呢？我们虽然读完了《道德经》，恐怕仍然感到它虚无缥缈、不可捉摸。尽管我们可以将它作为本体论，作为规律论，但是笔者认为，老子的"道"，其本质是规律的实体化。实际上，"道"不是一个实体，不是一个固定的、僵硬的东西。如果把它实体化，就好像真的会生出万物，"道生一，一生二，二生三，三生万物"，实际上，此处的"生"只是一种演化、演变，是规律起作用的结果。如果把它实体化，"道"就成了一个绝对的、高高在上的，甚至类似于西方基督教的上帝或者黑格尔的"绝对精神"之类的东西，然后，

"道"就变成了一个具体的东西,好像我们只要把它拿到手,就可以做好任何事情,这当然是不合于辩证法的。《道德经》中,还论述了"道"的功能:化生万物、主导万物。论述了"道"的最重要特性:辩证性,包括组成的辩证性:阴阳、有无的辩证统一;作用的辩证性:物极必反,反者道之动;把握的辩证性:为无为、事无事、味无味、私无私、争不争等;理解的辩证性:有无之辩、小大之辩、正反之辩、内外之辩;表述的辩证性:正言若反。至于"德"反映的人生智慧可以归纳为政治智慧、军事智慧、学习智慧、生态智慧、养生智慧、治身智慧等方方面面。政治智慧表现为:无为而治、以正治国、治大国若烹小鲜、为下、三宝等;军事智慧表现为:以柔胜刚、哀兵必胜;学习智慧表现为:为学日益、为道日损;生态智慧表现为:道法自然、知和曰常;养生智慧表现为:无厚生、善摄生;治身智慧表现为:尊道贵德、上善若水、少私寡欲、自知自胜、功成名遂身退、后其身而身先、先其身而身存等。由此可见,《道德经》中的智慧是方方面面的,有的学者将其仅仅归结为"帝王南面之术",这种观点未免太片面、太简单,也大大低估了《道德经》的价值。

  笔者认为,《道德经》的最大价值在于它的辩证思维,它标志着当时中国古人思维的最高水平。所以,我们要认真看待老子的思维方法,这也是我们在理解他的思想时一个最大的难点。可以把老子的思维方法归结为两条:一是具有强烈的"知正守反"和"以反求正"的辩证特征,或者说是"知有见无"和"以无求有"的辩证思维。前者如知其雄,守其雌;知其白,守其辱;知其易,守其难;知其强,守其弱等;后者如以弱求强、以柔求刚、以下求上、以退求进、以无为求无不为、以无私求其私、以不争求天下莫能与之争等。二是对"物极必反"的重视,已经接近"否定之否定"的辩证思维。甚至可以说,辩证法的三大规律——量变质变、否定之否定、对立统一——都在《道德经》中有所体现。由此可见,中国古人当时的辩证思维水平即使在世界范围也是达到了先进水平的。

用一副对联概括《道德经》的精华：上联：道生一，一生二，二生三，三生万物；下联：人法地，地法天，天法道，道法自然。横联：众妙之门。最后，还要对"无为"的涵义再做一次强调："无为"一定不是毫无作为，它的真正目的是要去"为"，所以一定要把老子的观点完整地理解为"为无为"，其本质是要法"道"而为，法"自然"而为，而且还要"无以为"，不能"有以为"，不能有心为之。"为"了之后，事情过去了就过去了，不要把它放在心上，甚至归功于自己。所以它体现的是最高层次的"为"。南怀瑾先生用下述话说明了"无为"：一切的为都应该像行云流水一样，义所当为，理所应为，做过了以后，如雁过长空，风来竹面，不留任何痕迹。这也可以帮助我们理解"无为"的真正涵义。笔者引用了一些国外的学者对老子的评价。如德国作家卡夫卡说："老子的格言是坚硬的核桃，我被它们陶醉了，但是它们的核心对我却依然紧锁着。……通过这些格言玻璃球，我其实只发现了我的思想槽非常浅，无法包容老子的玻璃球。"(详见古斯塔夫·雅努斯的《卡夫卡对我说》)

至于老子在中国哲学上的地位，笔者认为，老子最大的贡献就是发现了"道"，研究了"道"，奠定了中国哲学的基础。所以我们把老子称为中国的哲圣，把《道德经》称为中国哲学的开山之作。《道德经》是一首哲理诗,其最大特点是体现了一种大智慧,所以它是一本智慧之书。它的作用,借用阎肃先生一首流行歌的歌词,可以表述为:它能给我们一双慧眼,把这纷扰世界看得清清楚楚、明明白白、真真切切。

还要强调的是,道家和儒家绝对不是对立的,而是互补的。历代的中国学者从来都是儒道兼济的。孔子在《论语》中希望人人成为君子,做一个老实人。而老子通过《道德经》希望人人都有智慧,做一个聪明人。所以,把道家和儒家结合起来,既有一双慧眼,又有一颗仁心,就可以塑造一个理想的人生。这也是我们既要认真学习《道德经》,又要认真学习《论语》的原因。希望通过这两本经典的学习,真正有所收获,为自己的人生道路奠定坚实的基础。

附录一：订正后的《道德经》

一

道，可道，非常道；名，可名，非常名。无，名万物之始；有，名万物之母。故常无欲以观其妙；常有欲以观其徼。此两者，同出而异名，同谓之玄。玄之又玄，众妙之门。

二

天下皆知美之为美，斯恶已；皆知善之为善，斯不善已。故有无相生，难易相成，长短相形，高下相倾，音声相和，前后相随。是以圣人处无为之事，行不言之教。万物作焉而不为始，生而不有，为而不恃，功成而弗居。夫唯弗居，是以弗去。

三

不尚贤，使民不争；不贵难得之货，使民不为盗；不见可欲，使民心不乱。是以圣人之治，虚其心，实其腹，弱其志，强其骨。常使民无知无欲，使夫知者不敢为也。为无为，则无不治。

四

道冲，而用之或大盈。渊兮，似万物之宗；湛兮，似或存。吾不知谁之子，象帝之先。

五

天地不仁，以万物为刍狗；圣人不仁，以百姓为刍狗。天地之间,其犹橐龠乎？虚而不屈,动而愈出。多言数穷,不如守中。

六

谷神不死,是谓玄牝。玄牝之门,是谓天地根。绵绵若存,用之不勤。

七

天长地久。天地所以能长且久者,以其不自生,故能长生。是以圣人后其身而身先,外其身而身存。非以其无私欤？故能成其私。

八

上善若水。水善利万物而不争,处众人之所恶,故几于道。居善地,心善渊,与善仁,言善信,政善治,事善能,动善时。夫唯不争,故无尤。

九

持而盈之,不如其已；揣而锐之,不可长保；金玉满堂,莫之能守；富贵而骄,自遗其咎。功成名遂身退,天之道哉！

十

营魄抱一,能无离乎？抟气致柔,能如婴儿乎？涤除玄鉴,能无疵乎？爱民治国,能无为乎？天门开阖,能为雌乎？明白四达,能无知乎？

十一

三十辐共一毂,当其无,有车之用；埏埴以为器,当其无,有器之用；凿户牖以为室,当其无,有室之用。故有之以为利,无之以为用。

十二

五色令人目盲；五音令人耳聋；五味令人口爽；驰骋畋猎令人心发狂；难得之货令人行妨。是以圣人为腹不为目，故去彼取此。

十三

宠辱若惊，贵大患若身。何谓宠辱若惊？宠为上，辱为下，得之若惊，失之若惊，是谓宠辱若惊。何谓贵大患若身？吾所以有大患者，为吾有身，及吾无身，吾有何患？故贵以身为天下，若可寄天下；爱以身为天下，若可托天下。

十四

视之不见名曰微，听之不闻名曰希，搏之不得名曰夷。此三者，不可致诘，故混而为一。其上不皦，其下不昧，绳绳不可名，复归于无物。是谓无状之状，无物之象，是谓恍惚。迎之不见其首，随之不见其后。执古之道，以御今之有，能知古始，是谓道纪。

十五

古之善为道者，微妙玄通，深不可识。夫唯不可识，故强为之容：豫兮，若冬涉川；犹兮，若畏四邻；俨兮，其若客；涣兮，若冰之将释；敦兮，其若朴；旷兮，其若谷；澹兮，其若海；飂兮，若无止。混兮，其若浊。孰能浊以止？静之徐清。孰能安以久？动之徐生。保此道者不欲盈。夫唯不盈，故能蔽而新成。

十六

致虚极，守静笃。万物并作，吾以观其复。夫物芸芸，各复归其根。归根曰静，静曰复命。复命曰常，知常曰明。不知常，妄作，凶。知常容，容乃公；公乃全，全乃天；天乃道，道乃久，没身不殆。

十七

太上,下知有之;其次,亲而誉之;其次,畏之;其次,侮之。信不足焉,有不信焉。悠兮其贵言。功成事遂,百姓皆谓"我自然"。

十八

大道废,有仁义;慧智出,有大伪;六亲不和,有孝慈;国家昏乱,有忠臣。

十九

绝知弃辩,民利百倍;绝伪弃诈,民复孝慈;绝巧弃利,盗贼无有。此三者,以为文则不足,故令有所属:见素抱朴,少私寡欲,绝学无忧。

二十

唯之与阿,相去几何?善之与恶,相去若何?人之所畏,不可不畏,荒兮,其未央哉!众人熙熙,如享太牢,如春登台。我独泊兮,其未兆,沌沌兮,如婴儿之未孩;儽儽兮,若无所归。众人皆有余,而我独若遗,我愚人之心也哉!俗人昭昭,我独昏昏;俗人察察,我独闷闷。众人皆有以,我独顽且鄙。我独异于人,而贵食母。

二十一

孔德之容,惟道是从。道之为物,惟恍惟惚。惚兮恍兮,其中有象;恍兮惚兮,其中有物。窈兮冥兮,其中有情;其情甚真,其中有信。自今及古,其名不去,以阅众甫。吾何以知众甫之状哉?以此。

二十二

企者不立,跨者不行,自见者不明,自是者不彰,自伐者无功,自矜者不长。其在道也,曰余食赘行,物或恶之,故有道者不处。

二十三

"曲则全,枉则直,洼则盈,敝则新,少则得,多则惑。"是以圣人抱一为天下式。不自见,故明;不自是,故彰;不自伐,故有功;不自矜,故长。夫唯不争,故天下莫能与之争。古之所谓"曲则全"者,岂虚言哉?诚全而归之。

二十四

希言自然。故飘风不终朝,骤雨不终日。孰为此者?天地。天地尚不能久,而况于人乎?故从事于道者同于道,得者同于得,失者同于失。同于得者,道亦得之;同于失者,道亦失之。

二十五

有物混成,先天地生。寂兮寥兮,独立而不改,周行而不殆,可以为天地母。吾不知其名,强字之曰道,强为之名曰大。大曰逝,逝曰远,远曰反。故道大,天大,地大,人亦大。域中有四大,而人居其一焉。人法地,地法天,天法道,道法自然。

二十六

重为轻根,静为躁君。是以圣人终日行不离辎重。虽有荣观,燕处超然。奈何万乘之主而以身轻天下?轻则失根,躁则失君。鱼不可脱于渊,国之利器不可以示人。

二十七

善行无辙迹;善言无瑕谪;善数不用筹策;善闭无关楗而不可开;善结无绳约而不可解。是以圣人常善救人,故无弃人;常善救物,故无弃物。是谓袭明。故善人者,不善人之师;不善人者,善人之资。不贵其师,不爱其资,虽智大迷,是谓要妙。

二十八

知其雄，守其雌，为天下溪。为天下溪，常德不离，复归于婴儿。知其白，守其辱，为天下谷。为天下谷，常德乃足，复归于朴。朴散则为器。圣人用之则为官长。故大制不割。

二十九

将欲取天下而为之，吾见其不得已。天下神器，不可为也，不可执也。为者败之，执者失之。是以圣人无为故无败，无执故无失。夫物或行或随，或歔或吹，或强或羸，或载或隳。是以圣人去甚，去奢，去泰。

三十

以道佐人主者，不以兵器强天下，其事好还。师之所处，荆棘生焉。大军之后，必有凶年。善，有果而已，不敢以取强。果而勿矜，果而勿伐，果而勿骄，果而不得已，果而勿强。强壮则老，是谓不道，不道早已。

三十一

夫兵者，不祥之器，非君子之器，物或恶之，故有道者不处。不得已而用之，恬淡为上。胜而不美，而美之者，是乐杀人。夫乐杀人者，则不可得志于天下矣。君子居则贵左，用兵则贵右。吉事尚左，凶事尚右；偏将军居左，上将军居右，言以丧礼处之。杀人之众，以悲哀泣之，战胜，以丧礼处之。

三十二

道常无名，朴虽小，天下莫能臣。侯王若能守之，万物将自宾。天地相合，以降甘露，民莫之令而自均。始制有名，名亦既有，夫亦将知止，知止可以不殆。譬道之在天下，犹川谷之于江海。

三十三

知人者聪,自知者明。胜人者有力,自胜者强。知足者富,强行者有志。不失其所者久,死而不亡者寿。

三十四

大道泛兮,其可左右。万物恃之而生而不辞,功成不名有。衣养万物而不为主,可名于小;万物归焉而不知主,可名为大。以其终不自为大,故能成其大。天下皆谓我道大,似不肖。夫唯大,故似不肖。若肖,久矣其细也夫。

三十五

执大象,天下往。往而不害,安平太。乐与饵,过客止。道之出言,淡乎其无味,视之不足见,听之不足闻,用之不可既。

三十六

将欲翕之,必固张之;将欲弱之,必固强之;将欲废之,必固举之;将欲夺之,必固与之;是谓微明。

三十七

道常无为也。侯王若能守之,万物将自化。化而欲作,吾将镇之以无名之朴,夫将知足。知足以静,万物将自定。

三十八

上德不德,是以有德;下德不失德,是以无德。上德无为而无以为,上仁为之而无以为;上义为之而有以为。上礼为之而莫之应,则攘臂而扔之。故失道而后德,失德而后仁,失仁而后义,失义而后礼。夫礼者,忠信之薄,而乱之首。前识者,道之华,而愚之始。是以大丈夫处其厚,不居其薄;处其实,不居其华。故去彼取此。

三十九

昔之得一者：天得一以清，地得一以宁，神得一以灵，谷得一以盈，万物得一以生，侯王得一以为天下正。其致之。天无以清将恐裂，地无以宁将恐废，神无以灵将恐歇，谷无以盈将恐竭，万物无以生将恐灭，侯王无以正将恐蹶。故贵以贱为本，高以下为基。人之所恶，唯孤、寡、不谷，而王公以为称。故物或损之而益，或益之而损。古人之所教，我亦教之。"强梁者不得其死"，吾将以为教父。是以侯王自称孤、寡、不谷。此非以贱为本邪？非乎？故至誉无誉。不欲琭琭如玉，珞珞如石。

四十

上士闻道，勤而行之；中士闻道，若存若亡；下士闻道，大笑之。不笑，不足以为道。故建言有之：明道若昧，进道若退，夷道若类；上德若谷，广德若不足，建德若偷，质德若渝；大白若辱，大方无隅，大器晚成，大音希声，大象无形；道隐无名。夫唯道，善始且善成。

四十一

反者道之动，弱者道之用。天下万物生于有，有生于无。

四十二

道生一，一生二，二生三，三生万物。万物负阴而抱阳，冲气以为和。

四十三

天下之至柔，驰骋天下之至坚。无有入无间，吾是以知无为之有益。不言之教，无为之益，天下希及之。

四十四

名与身孰亲？货与身孰多？得与亡孰病？甚爱必大费，多藏必厚亡。故知足不辱，知止不殆，可以长久。

四十五

大成若缺，其用不弊；大盈若冲，其用不穷。大直若屈，大巧若拙，大辩若讷。躁胜寒，静胜热，清静为天下正。

四十六

天下有道，却走马以粪；天下无道，戎马生于郊。罪莫大于多欲，祸莫大于不知足。故知足之足，常足矣。

四十七

不出户，知天下；不窥牖，见天道。其出弥远，其知弥少。是以圣人不行而知，不见而明，不为而成。

四十八

为学日益，为道日损。损之又损，以至于无为。无为而无不为。取天下常以无事，及其有事，不足以取天下。

四十九

圣人常无心，以百姓心为心。善者吾善之；不善者吾亦善之，德善。信者吾信之；不信者吾亦信之，德信。圣人在天下，歙歙焉为天下浑其心。百姓皆注其耳目，圣人皆孩之。

五十

出生入死。生之徒十有三；死之徒十有三；人之生，动之死地，亦十有三。夫何故？以其生生之厚。盖闻善摄生者，陆行不遇兕虎,入军不被甲兵;兕无所投其角,虎无所措其爪,兵无所容其刃。夫何故?以其无死地。

五十一

道生之,德蓄之,物形之,势成之。是以万物莫不尊道而贵德。道之尊,德之贵,夫莫之命而常自然。故道生之,德蓄之,长之育之,亭之毒之,养之覆之,生而不有,为而不恃,长而不宰:是谓玄德。

五十二

天下有始,以为天下母。既得其母,以知其子;既知其子,复守其母,没身不殆。塞其兑,闭其门,终身不勤;开其兑,济其事,终身不救。见小曰明,守柔曰强。用其光,复归其明,无遗身殃,是为袭常。

五十三

使我介然有知,行于大道,唯施是畏。大道甚夷,而人好径。朝甚除,田甚芜,仓甚虚;服文采,带利剑,厌饮食,财货有余;是谓盗竽。非道也哉!

五十四

善建者不拔,善抱者不脱,子孙以其祭祀,世世不辍。修之于身,其德乃真;修之于家,其德乃余;修之于乡,其德乃长;修之于国,其德乃丰;修之于天下,其德乃普。故以身观身,以家观家,以乡观乡,以国观国,以天下观天下。吾何以知天下之然哉?以此。

五十五

含德之厚,比于赤子。毒虫不螫,猛兽不据,攫鸟不搏。骨弱筋柔而握固,未知牝牡之合而朘作,精之至也。终日号而不嗄,和之至也。知和曰常,知常曰明。益生曰祥,心使气曰强。

五十六

知者不言,言者不知。塞其兑,闭其门;挫其锐,解其纷;和其光,同其尘:是谓玄同。故不可得而亲,不可得而疏;不可得而利,不可得而害;不可得而贵,不可得而贱。故为天下贵。

五十七

以正治国,以奇用兵,以无事取天下。吾何以知其然哉?以此:天下多忌讳,而民弥贫;民多利器,国家滋昏;人多技巧,奇物滋起;法令滋彰,盗贼多有。故圣人云:"我无为而民自化;我好静而民自正;我无事而民自富;我无欲而民自朴。"

五十八

其政闷闷,其民淳淳;其政察察,其民缺缺。祸兮,福之所倚;福兮,祸之所伏。孰知其极?其无正。正复为奇,善复为妖,人之迷其日固久矣。是以圣人方而不割,廉而不刿,直而不肆,光而不耀。

五十九

治人事天,莫若啬。夫唯啬,是以早服于道;早服于道,谓之重积德。重积德则无不克;无不克则莫知其极;莫知其极,可以有国;有国之母,可以长久。是谓深根固柢、长生久视之道。

六十

治大国,若烹小鲜。以道莅天下,其鬼不神;非其鬼不神,其神不伤人;非其神不伤人,圣人亦不伤人。夫两不相伤,故德交归焉。

六十一

大邦者下流,天下之交,天下之牝也。牝常以静胜牡,以静为下。故大邦以下小邦,则取小邦;小邦以下大邦,则取大邦。故或下以取,或下而取。大邦不过欲兼畜人,小邦不过欲入事人。夫两者各得其所欲,大者宜为下。

六十二

道者,万物之奥,善人之宝,不善人之所保。美言可以市尊,美行可以加人。人之不善,何弃之有?故立天子,置三公,虽有拱璧以先驷马,不如坐进此道。古之所以贵此道者何?不曰有求以得,有罪以免邪?故为天下贵。

六十三

为无为,事无事,味无味。大小,多少,报怨以德。图难于其易,为大于其细。天下难事必作于易,天下大事必作于细。是以圣人终不为大,故能成其大。夫轻诺必寡信,多易必多难。是以圣人犹难之,故终无难矣。

六十四

其安易持,其未兆易谋,其脆易泮,其微易散。为之于未有,治之于未乱。合抱之木,生于毫末;九层之台,起于累土;千里之行,始于足下。民之从事,常于几成而败之。慎终如始,则无败事。是以圣人欲不欲,不贵难得之货;学不学,复众人之所过:以辅万物之自然而不敢为。

六十五

古之善为道者,非以明民,将以愚之。民之难治,以其智多。故以知治国,国之贼;不以知治国,国之福。知此两者亦稽式。常知稽式,是谓"玄德"。"玄德"深矣,远矣,与物反矣,然后乃至大顺。

六十六

江海所以能为百谷王者,以其善下之,故能为百谷王。是以圣人欲上民,必以言下之;欲先民,必以身后之。是以圣人处上而民不重,处前而民不害,是以天下乐推而不厌。不以其不争与?故天下莫能与之争。

六十七

我有三宝,持而保之。一曰慈,二曰俭,三曰不敢为天下先。慈故能勇;俭故能广;不敢为天下先,故能成器长。今舍慈且勇,舍俭且广,舍后且先,死矣!夫慈,以战则胜,以守则固,天将救之,以慈卫之。

六十八

古之用兵者有言:"吾不敢为主而为客,不敢进寸而退尺。"是谓行无行,攘无臂,执无兵,乃无敌。祸莫大于轻敌,轻敌则几丧吾宝。故抗兵相若,哀者胜矣。

六十九

善为士者不武,善战者不怒,善胜敌者不与,善用兵者为之下。是谓不争之德,是谓用人之力,是谓配天之极。

七十

吾言甚易知,甚易行;天下莫能知,莫能行。言有宗,事有主。夫唯无知,是以不我知。知我者希,则我者贵。是以圣人被褐而怀玉。

七十一

知不知,上;不知知,病。圣人不病,以其病病,是以不病。

七十二

民不畏威,则大威至。无狎其所居,无压其所生。夫唯不压,是以不厌。是以圣人自知,不自见;自爱,不自贵。故去彼取此。

七十三

勇于敢则杀,勇于不敢则活。此两者,或利或害。天之所恶,孰知其故?是以圣人犹难之。天之道,不争而善胜,不言而善应,不召而自来,繟然而善谋。天网恢恢,疏而不失。

七十四

民不畏死,奈何以死惧之?若使民常畏死,而为奇者,吾得执而杀之,孰敢?若民常且必畏死,常有司杀者杀。夫代司杀者杀,是谓代大匠斫。夫代大匠斫者,希有不伤其手矣。

七十五

民之饥,以其上食税之多,是以饥;民之难治,以其上之有为,是以难治;民之轻死,以其上求生之厚,是以轻死。夫唯无以生为者,是贤于贵生。

七十六

人之生也柔弱,其死也坚强;草木之生也柔脆,其死也枯槁。故坚强者死之徒,柔弱者生之徒。是以兵强则灭,木强则折。坚强处下,柔弱处上。柔弱胜刚强。

七十七

天之道,其犹张弓与?高者抑之,下者举之;有余者损之,不足者补之。天之道,损有余而补不足;人之道则不然,损不足以奉有余。孰能有余以奉天下?唯有道者。是以圣人为而不恃,功成而不居,其不欲见贤。

七十八

　　天下柔弱莫过水,而攻坚强者莫之能胜,以其无以易之。柔之胜刚,弱之胜强,天下莫不知,莫能行。是以圣人云:"受国之垢,是谓社稷主;受国不祥,是谓天下王。"正言若反。

七十九

　　和大怨,必有余怨,安可以为善？是以圣人执左契,而不责于人。有德司契,无德司彻。天道无亲,常与善人。

八十

　　小国寡民。使有什伯之器而不用,使民重死而不远徙;虽有舟舆,无所乘之;虽有甲兵,无所陈之;使民复结绳而用之。甘其食,美其服,安其居,乐其俗。邻国相望,鸡犬之声相闻,民至老死不相往来。

八十一

　　信言不美,美言不信。知者不博,博者不知。善者不多,多者不善。圣人不积,既以为人己愈有,既以与人己愈多。天之道,利而不害;圣人之道,为而不争。

附录二:分专题编辑的《道德经》

道论篇(14章)

一

道,可道,非常道;名,可名,非常名。无,名万物之始;有,名万物之母。故常无欲以观其妙;常有欲以观其徼。此两者,同出而异名,同谓之玄。玄之又玄,众妙之门。

四

道冲,而用之或大盈。渊兮,似万物之宗;湛兮,似或存。吾不知谁之子,象帝之先。

六

谷神不死,是谓玄牝。玄牝之门,是谓天地根。绵绵若存,用之不勤。

十四

视之不见名曰微,听之不闻名曰希,搏之不得名曰夷。此三者,不可致诘,故混而为一。其上不皦,其下不昧,绳绳不可名,复归于无物。是谓无状之状,无物之象,是谓恍惚。迎之不见其首,随之不见其后。执古之道,以御今之有,能知古始,是谓道纪。

十五

古之善为道者，微妙玄通，深不可识。夫唯不可识，故强为之容：豫兮，若冬涉川；犹兮，若畏四邻；俨兮，其若客；涣兮，若冰之将释；敦兮，其若朴；旷兮，其若谷；澹兮，其若海；飂兮，若无止。混兮，其若浊。孰能浊以止？静之徐清。孰能安以久？动之徐生。保此道者不欲盈。夫唯不盈，故能蔽而新成。

二十五

有物混成，先天地生。寂兮寥兮，独立而不改，周行而不殆，可以为天地母。吾不知其名，强字之曰道，强为之名曰大。大曰逝，逝曰远，远曰反。故道大，天大，地大，人亦大。域中有四大，而人居其一焉。人法地，地法天，天法道，道法自然。

三十二

道常无名，朴虽小，天下莫能臣。侯王若能守之，万物将自宾。天地相合，以降甘露，民莫之令而自均。始制有名，名亦既有，夫亦将知止，知止可以不殆。譬道之在天下，犹川谷之于江海。

三十四

大道泛兮，其可左右。万物恃之而生而不辞，功成不名有。衣养万物而不为主，可名于小；万物归焉而不知主，可名为大。以其终不自为大，故能成其大。天下皆谓我道大，似不肖。夫唯大，故似不肖。若肖，久矣其细也夫。

三十五

执大象，天下往。往而不害，安平太。乐与饵，过客止。道之出言，淡乎其无味，视之不足见，听之不足闻，用之不可既。

四十

上士闻道，勤而行之；中士闻道，若存若亡；下士闻道，大笑之。不笑，不足以为道。故建言有之：明道若昧，进道若退，夷道若类；上德若谷，广德若不足，建德若偷，质德若渝；大白若辱，大方无隅，大器晚成，大音希声，大象无形；道隐无名。夫唯道，善始且善成。

四十一

反者道之动，弱者道之用。天下万物生于有，有生于无。

四十二

道生一，一生二，二生三，三生万物。万物负阴而抱阳，冲气以为和。

六十二

道者，万物之奥，善人之宝，不善人之所保。美言可以市尊，美行可以加人。人之不善，何弃之有？故立天子，置三公，虽有拱璧以先驷马，不如坐进此道。古之所以贵此道者何？不曰有求以得，有罪以免邪？故为天下贵。

七十七

天之道，其犹张弓与？高者抑之，下者举之；有余者损之，不足者补之。天之道，损有余而补不足；人之道则不然，损不足以奉有余。孰能有余以奉天下？唯有道者。是以圣人为而不恃，功成而不居，其不欲见贤。

德论篇（5章）

二十一

孔德之容，惟道是从。道之为物，惟恍惟惚。惚兮恍兮，其中有象；恍兮惚兮，其中有物。窈兮冥兮，其中有情；其情甚真，其中有信。自今及古，其名不去，以阅众甫。吾何以知众甫之状哉？以此。

三十八

上德不德，是以有德；下德不失德，是以无德。上德无为而无以为；下德为之而有以为。上仁为之而无以为；上义为之而有以为。上礼为之而莫之应，则攘臂而扔之。故失道而后德，失德而后仁，失仁而后义，失义而后礼。夫礼者，忠信之薄，而乱之首。前识者，道之华，而愚之始。是以大丈夫处其厚，不居其薄；处其实，不居其华。故去彼取此。

五十一

道生之，德蓄之，物形之，势成之。是以万物莫不尊道而贵德。道之尊，德之贵，夫莫之命而常自然。故道生之，德蓄之，长之育之，亭之毒之，养之覆之，生而不有，为而不恃，长而不宰：是谓玄德。

五十四

善建者不拔，善抱者不脱，子孙以其祭祀，世世不辍。修之于身，其德乃真；修之于家，其德乃余；修之于乡，其德乃长；修之于国，其德乃丰；修之于天下，其德乃普。故以身观身，以家观家，以乡观乡，以国观国，以天下观天下。吾何以知天下之然哉？以此。

五十五

含德之厚,比于赤子。毒虫不螫,猛兽不据,攫鸟不搏。骨弱筋柔而握固,未知牝牡之合而朘作,精之至也。终日号而不嗄,和之至也。知和曰常,知常曰明。益生曰祥,心使气曰强。

辩证思维篇(13章)

十一

三十辐共一毂,当其无,有车之用;埏埴以为器,当其无,有器之用;凿户牖以为室,当其无,有室之用。故有之以为利,无之以为用。

十八

大道废,有仁义;慧智出,有大伪;六亲不和,有孝慈;国家昏乱,有忠臣。

二十二

企者不立,跨者不行,自见者不明,自是者不彰,自伐者无功,自矜者不长。其在道也,曰余食赘行,物或恶之,故有道者不处。

三十六

将欲翕之,必固张之;将欲弱之,必固强之;将欲废之,必固举之;将欲夺之,必固与之:是谓微明。

四十三

天下之至柔,驰骋天下之至坚。无有入无间,吾是以知无为之有益。不言之教,无为之益,天下希及之。

四十五

大成若缺，其用不弊；大盈若冲，其用不穷。大直若屈，大巧若拙，大辩若讷。躁胜寒，静胜热，清静为天下正。

五十六

知者不言，言者不知。塞其兑，闭其门；挫其锐，解其纷；和其光，同其尘：是谓玄同。故不可得而亲，不可得而疏；不可得而利，不可得而害；不可得而贵，不可得而贱。故为天下贵。

六十三

为无为，事无事，味无味。大小，多少，报怨以德。图难于其易，为大于其细。天下难事必作于易，天下大事必作于细。是以圣人终不为大，故能成其大。夫轻诺必寡信，多易必多难。是以圣人犹难之，故终无难矣。

六十四

其安易持，其未兆易谋，其脆易泮，其微易散。为之于未有，治之于未乱。合抱之木，生于毫末；九层之台，起于累土；千里之行，始于足下。民之从事，常于几成而败之。慎终如始，则无败事。是以圣人欲不欲，不贵难得之货；学不学，复众人之所过：以辅万物之自然而不敢为。

七十

吾言甚易知，甚易行；天下莫能知，莫能行。言有宗，事有主。夫唯无知，是以不我知。知我者希，则我者贵。是以圣人被褐而怀玉。

七十六

人之生也柔弱,其死也坚强;草木之生也柔脆,其死也枯槁。故坚强者死之徒,柔弱者生之徒。是以兵强则灭,木强则折。坚强处下,柔弱处上。柔弱胜刚强。

七十八

天下柔弱莫过水,而攻坚强者莫之能胜,以其无以易之。柔之胜刚,弱之胜强,天下莫不知,莫能行。是以圣人云:"受国之垢,是谓社稷主;受国不祥,是谓天下王。"正言若反。

八十一

信言不美,美言不信。知者不博,博者不知。善者不多,多者不善。圣人不积,既以为人己愈有,既以与人己愈多。天之道,利而不害;圣人之道,为而不争。

以道治国篇(34 章)

二

天下皆知美之为美,斯恶已;皆知善之为善,斯不善已。故有无相生,难易相成,长短相形,高下相倾,音声相和,前后相随。是以圣人处无为之事,行不言之教。万物作焉而不为始,生而不有,为而不恃,功成而弗居。夫唯弗居,是以弗去。

三

不尚贤,使民不争;不贵难得之货,使民不为盗;不见可欲,使民心不乱。是以圣人之治,虚其心,实其腹,弱其志,强其骨。常使民无知无欲,使夫知者不敢为也。为无为,则无不治。

五

天地不仁,以万物为刍狗;圣人不仁,以百姓为刍狗。天地之间,其犹橐籥乎?虚而不屈,动而愈出。多言数穷,不如守中。

七

天长地久。天地所以能长且久者,以其不自生,故能长生。是以圣人后其身而身先,外其身而身存。非以其无私欤?故能成其私。

八

上善若水。水善利万物而不争,处众人之所恶,故几于道。居善地,心善渊,与善仁,言善信,政善治,事善能,动善时。夫唯不争,故无尤。

十

营魄抱一,能无离乎?抟气致柔,能如婴儿乎?涤除玄鉴,能无疵乎?爱民治国,能无为乎?天门开阖,能为雌乎?明白四达,能无知乎?

十二

五色令人目盲;五音令人耳聋;五味令人口爽;驰骋畋猎令人心发狂;难得之货令人行妨。是以圣人为腹不为目,故去彼取此。

十三

宠辱若惊,贵大患若身。何谓宠辱若惊?宠为上,辱为下,得之若惊,失之若惊,是谓宠辱若惊。何谓贵大患若身?吾所以有大患者,为吾有身,及吾无身,吾有何患?故贵以身为天下,若可寄天下;爱以身为天下,若可托天下。

十六

致虚极,守静笃。万物并作,吾以观其复。夫物芸芸,各复归其根。归根曰静,静曰复命。复命曰常,知常曰明。不知常,妄作,凶。知常容,容乃公;公乃全,全乃天;天乃道,道乃久,没身不殆。

十七

太上,下知有之;其次,亲而誉之;其次,畏之;其次,侮之。信不足焉,有不信焉。悠兮其贵言。功成事遂,百姓皆谓"我自然"。

十九

绝知弃辩,民利百倍;绝伪弃诈,民复孝慈;绝巧弃利,盗贼无有。此三者,以为文则不足,故令有所属:见素抱朴,少私寡欲,绝学无忧。

二十三

"曲则全,枉则直,洼则盈,敝则新,少则得,多则惑。"是以圣人抱一为天下式。不自见,故明;不自是,故彰;不自伐,故有功;不自矜,故长。夫唯不争,故天下莫能与之争。古之所谓"曲则全"者,岂虚言哉?诚全而归之。

二十四

希言自然。故飘风不终朝,骤雨不终日。孰为此者?天地。天地尚不能久,而况于人乎?故从事于道者同于道,得者同于得,失者同于失。同于得者,道亦得之;同于失者,道亦失之。

二十六

重为轻根,静为躁君。是以圣人终日行不离辎重。虽有荣观,燕处超然。奈何万乘之主而以身轻天下?轻则失根,躁则失君。

鱼不可脱于渊,国之利器不可以示人。

二十八

知其雄,守其雌,为天下溪。为天下溪,常德不离,复归于婴儿。知其白,守其辱,为天下谷。为天下谷,常德乃足,复归于朴。朴散则为器。圣人用之则为官长。故大制不割。

二十九

将欲取天下而为之,吾见其不得已。天下神器,不可为也,不可执也。为者败之,执者失之。是以圣人无为故无败,无执故无失。夫物或行或随,或歔或吹,或强或羸,或载或隳。是以圣人去甚,去奢,去泰。

三十七

道常无为也。侯王若能守之,万物将自化。化而欲作,吾将镇之以无名之朴,夫将知足。知足以静,万物将自定。

三十九

昔之得一者:天得一以清,地得一以宁,神得一以灵,谷得一以盈,万物得一以生,侯王得一以为天下正。其致之。天无以清将恐裂,地无以宁将恐废,神无以灵将恐歇,谷无以盈将恐竭,万物无以生将恐灭,侯王无以正将恐蹶。故贵以贱为本,高以下为基。人之所恶,唯孤、寡、不谷,而王公以为称。故物或损之而益,或益之而损。古人之所教,我亦教之。"强梁者不得其死",吾将以为教父。是以侯王自称孤、寡、不谷。此非以贱为本邪?非乎?故至誉无誉。不欲琭琭如玉,珞珞如石。

四十九

圣人常无心,以百姓心为心。善者吾善之;不善者吾亦善之,德善。信者吾信之；不信者吾亦信之，德信。圣人在天下，歙歙焉为天下浑其心。百姓皆注其耳目，圣人皆孩之。

五十三

使我介然有知，行于大道，唯施是畏。大道甚夷，而人好径。朝甚除，田甚芜，仓甚虚；服文采，带利剑，厌饮食，财货有余；是谓盗竽。非道也哉！

五十七

以正治国，以奇用兵，以无事取天下。吾何以知其然哉？以此：天下多忌讳，而民弥贫；民多利器，国家滋昏；人多技巧，奇物滋起；法令滋彰，盗贼多有。故圣人云："我无为而民自化；我好静而民自正；我无事而民自富；我无欲而民自朴。"

五十八

其政闷闷，其民淳淳；其政察察，其民缺缺。祸兮，福之所倚；福兮，祸之所伏。孰知其极？其无正。正复为奇，善复为妖，人之迷其日固久矣。是以圣人方而不割，廉而不刿，直而不肆，光而不耀。

五十九

治人事天，莫若啬。夫唯啬，是以早服于道；早服于道，谓之重积德。重积德则无不克；无不克则莫知其极；莫知其极，可以有国；有国之母，可以长久。是谓深根固柢、长生久视之道。

六十

治大国，若烹小鲜。以道莅天下，其鬼不神；非其鬼不神，其神不伤人；非其神不伤人，圣人亦不伤人。夫两不相伤，故德交归焉。

六十一

大邦者下流，天下之交，天下之牝也。牝常以静胜牡，以静为下。故大邦以下小邦，则取小邦；小邦以下大邦，则取大邦。故或下以取，或下而取。大邦不过欲兼畜人，小邦不过欲入事人。夫两者各得其所欲，大者宜为下。

六十五

古之善为道者，非以明民，将以愚之。民之难治，以其智多。故以知治国，国之贼；不以知治国，国之福。知此两者亦稽式。常知稽式，是谓"玄德"。"玄德"深矣，远矣，与物反矣，然后乃至大顺。

六十六

江海所以能为百谷王者，以其善下之，故能为百谷王。是以圣人欲上民，必以言下之；欲先民，必以身后之。是以圣人处上而民不重，处前而民不害，是以天下乐推而不厌。不以其不争与？故天下莫能与之争。

六十七

我有三宝，持而保之。一曰慈，二曰俭，三曰不敢为天下先。慈故能勇；俭故能广；不敢为天下先，故能成器长。今舍慈且勇，舍俭且广，舍后且先，死矣！夫慈，以战则胜，以守则固，天将救之，以慈卫之。

七十二

民不畏威，则大威至。无狎其所居，无压其所生。夫唯不压，是以不厌。是以圣人自知，不自见；自爱，不自贵。故去彼取此。

七十三

勇于敢则杀,勇于不敢则活。此两者,或利或害。天之所恶,孰知其故?是以圣人犹难之。天之道,不争而善胜,不言而善应,不召而自来,繟然而善谋。天网恢恢,疏而不失。

七十四

民不畏死,奈何以死惧之?若使民常畏死,而为奇者,吾得执而杀之,孰敢?若民常且必畏死,常有司杀者杀。夫代司杀者杀,是谓代大匠斫。夫代大匠斫者,希有不伤其手矣。

七十五

民之饥,以其上食税之多,是以饥;民之难治,以其上之有为,是以难治;民之轻死,以其上求生之厚,是以轻死。夫唯无以生为者,是贤于贵生。

七十九

和大怨,必有余怨,安可以为善?是以圣人执左契,而不责于人。有德司契,无德司彻。天道无亲,常与善人。

八十

小国寡民。使有什伯之器而不用,使民重死而不远徙;虽有舟舆,无所乘之;虽有甲兵,无所陈之;使民复结绳而用之。甘其食,美其服,安其居,乐其俗。邻国相望,鸡犬之声相闻,民至老死不相往来。

以道论战篇（5章）

三十

以道佐人主者，不以兵器强天下，其事好还。师之所处，荆棘生焉。大军之后，必有凶年。善，有果而已，不敢以取强。果而勿矜，果而勿伐，果而勿骄，果而不得已，果而勿强。强壮则老，是谓不道，不道早已。

三十一

夫兵者，不祥之器，非君子之器，物或恶之，故有道者不处。不得已而用之，恬淡为上。胜而不美，而美之者，是乐杀人。夫乐杀人者，则不可得志于天下矣。君子居则贵左，用兵则贵右。吉事尚左，凶事尚右；偏将军居左，上将军居右，言以丧礼处之。杀人之众，以悲哀泣之，战胜，以丧礼处之。

四十六

天下有道，却走马以粪；天下无道，戎马生于郊。罪莫大于多欲，祸莫大于不知足。故知足之足，常足矣。

六十八

古之用兵者有言："吾不敢为主而为客，不敢进寸而退尺。"是谓行无行，攘无臂，执无兵，乃无敌。祸莫大于轻敌，轻敌则几丧吾宝。故抗兵相若，哀者胜矣。

六十九

善为士者不武，善战者不怒，善胜敌者不与，善用兵者为之下。是谓不争之德，是谓用人之力，是谓配天之极。

以道治身篇(10章)

九

持而盈之,不如其已;揣而锐之,不可长保;金玉满堂,莫之能守;富贵而骄,自遗其咎。功成名遂身退,天之道哉!

二十

唯之与阿,相去几何?善之与恶,相去若何?人之所畏,不可不畏,荒兮,其未央哉!众人熙熙,如享太牢,如春登台。我独泊兮,其未兆,沌沌兮,如婴儿之未孩;傫傫兮,若无所归。众人皆有余,而我独若遗,我愚人之心也哉!俗人昭昭,我独昏昏;俗人察察,我独闷闷。众人皆有以,我独顽且鄙。我独异于人,而贵食母。

二十七

善行无辙迹;善言无瑕谪;善数不用筹策;善闭无关楗而不可开;善结无绳约而不可解。是以圣人常善救人,故无弃人;常善救物,故无弃物。是谓袭明。故善人者,不善人之师;不善人者,善人之资。不贵其师,不爱其资,虽智大迷,是谓要妙。

三十三

知人者聪,自知者明。胜人者有力,自胜者强。知足者富,强行者有志。不失其所者久,死而不亡者寿。

四十四

名与身孰亲?货与身孰多?得与亡孰病?甚爱必大费,多藏必厚亡。故知足不辱,知止不殆,可以长久。

四十七

不出户,知天下;不窥牖,见天道。其出弥远,其知弥少。是以圣人不行而知,不见而明,不为而成。

四十八

为学日益,为道日损。损之又损,以至于无为。无为而无不为。取天下常以无事,及其有事,不足以取天下。

五十

出生入死。生之徒十有三;死之徒十有三;人之生,动之死地,亦十有三。夫何故?以其生生之厚。盖闻善摄生者,陆行不遇兕虎,入军不被甲兵;兕无所投其角,虎无所措其爪,兵无所容其刃。夫何故?以其无死地。

五十二

天下有始,以为天下母。既得其母,以知其子;既知其子,复守其母,没身不殆。塞其兑,闭其门,终身不勤;开其兑,济其事,终身不救。见小曰明,守柔曰强。用其光,复归其明,无遗身殃,是为袭常。

七十一

知不知,上;不知知,病。圣人不病,以其病病,是以不病。

参 考 文 献

[1] 楼宇烈. 老子道德经注校释[M]. 北京:中华书局,2008.
[2] 陈鼓应. 老子注译及评介[M]. 北京:中华书局,2009.
[3] 冯达甫. 老子译注[M]. 上海:上海古籍出版社,2006.
[4] 任继愈. 老子绎读[M]. 北京:北京图书馆出版社,2006.
[5] 刘笑敢. 老子古今[M]. 北京:中国社会科学出版社,2006.
[6] 汪致正. 汪注老子[M]. 北京:人民出版社,2016.
[7] 李零. 人往低处走[M]. 北京:生活·读书·新知三联书店,2008.
[8] 徐志钧. 老子帛书校注[M]. 南京:凤凰出版社,2013.

后　记

　　作为一个"电力系统及其自动化"专业的工科教师,在"五十而知天命"之年开始了对中国传统文化的补课,从而走上了学习、研究和宣传中国传统文化的道路。2003年,曾与清华大学的程钢老师一起编写了一本《老子论语今读》的小册子,由高等教育出版社出版,其中的"老子"部分由我执笔。转眼间,十多年的时间过去了,我已步入70后的行列,在清华大学的开课也已超过20次,每次都有450名清华学子选修,从而使得我通过对老子《道德经》的不断学习、体会和研究,又有了一些新的体会。为了与更多的学子和希望了解《道德经》的人分享自己的心得,于是将近年的讲课录音予以整理,便成就了这本小书的面世。正因为根据录音整理而成,所以较多地保留了讲课的特点,但也有了较多的口语特征。

　　步入"不惑之年"后,对中国传统文化的理解和感情自然与年轻时有了很大的不同。我发自内心深处地体会到,中国传统文化确实是一笔宝贵的财富,值得每一个中国人珍惜。郁达夫说:没有伟人的民族是可悲的,而有伟人却不尊重的民族尤为可悲。闻一多说:我热爱中国,不仅因为它是我的祖国,更因为它有优秀的文化。这些由衷之言与我现在的感受深深契合。所以,我将继续沿着这条学习、研究和宣传中国传统文化的道路走下去,直到生命的终点。年轻时读屈原的"路漫漫其修远兮,吾将上下而求索"感受到的只是他的孤独与坚韧,如今也能感受到一种愉悦。正是在这种愉悦中,我"不知老之已至"。衷心期望有更多的人在中国传统文化中感受到愉悦,在愉悦中度过自己的一生。

衷心感谢清华大学文化素质教育基地给我提供机会,得以在清华长期开设这门课程,促使我不停地学习《道德经》,才有了这本小书。基地的程钢老师更是给予了很多帮助,每次和他的交谈都使我颇有收获。

是为后记。

二零一六年十月于清华园